ゼロから成功

ひとり起業の教科書

藤原恭子 著

WAVE出版

ひとり起業は、コツさえ知っていれば誰でもできます！

あなたは今の仕事に満足していますか。一生このままの働き方でいいですか。


もっと好きなことを仕事にしたい。

好きな人と仕事をしたい。職場の人間関係に悩まされたくない。

もっと自由な時間が欲しい。

会社も将来どうなるか分からない時代だから、自分で稼ぐ力を身につけたい。

そのためにも、起業したい！


そう思う人がたくさんいる一方で、起業に不安を感じる人も少なくありません。

自分にはアイデアもスキルもないから。資金がないから。起業したとしても、経済的に心配だから……。

起業を夢見ても、行動せずに夢のままで終わる人も多いのです。

でも実際の起業は、とても簡単です。

私自身、ふつうのＯＬで特別なスキルもなければ、経営学修士号を修得しているわけでもないし、財務の知識もなかったのです。それでも起業して成功することができました。

うまくいくコツさえ知っていれば、誰でも起業できるのです。

ことに「ひとり起業」であれば、資金を貯めなくても、好きなことを好きな人と、好きなタイミングで、自由に仕事にすることがしやすいのです。

私はかつて、自分では何も判断できないダメ人間でした。会社で働きながら、その仕事を楽しいとは思えず、恋愛もうまくいかない。どうしていいか分からないので占い師に頼ってばかり。

最悪なのは、20代後半でガンになり、その病気が原因で、結婚を考えていた彼にフラれてしまったことです。幸い、病気は快方に向かいましたが、どん底とも言える時期を経験しています。

そのどん底だった時に、先輩からパワーストーンのアクセサリーをもらったことがキッカケで、病気が完治した後はＯＬをしながら、パワーストーンのアクセサリー作りを始めました。

まわりの友達に自作のアクセサリーを見せたところ、「私にも作って」と依頼が増えていったおかげで、28歳の時に会社を退職し、起業。お客様一人ひとりにカウンセリングをし、その方に合うアクセサリーを作って販売するようになったのです。

半年間で延べ４０００人のカウンセリング、そしてオーダーメイドのアクセサリーを販売しました。月商はすぐに２００〜３００万円に達しました。

その後12年間は、約３万５０００人のお客様をカウンセリングする中から、独自のメソッドを編み出しました。

これを元に協会を立ち上げ、講師１０００人を育成すると共に、新たに協会を作りたいという方たちのサポートも始めたわけです。

多くの人材を育成してきた経験から、起業家のプロデュースやコンサル業も行うようになり、現在は約１０００人の起業に携わってきた実績があります。

ＯＬ時代の私はいつも「この状況から抜け出したい！」と思っていました。仕事は楽しくないし、やりがいも感じられない。上司や先輩を見ても、ああなりたいと思えるロールモデルはいませんでした。

けれども今、そんな悩みはひとつもなく、毎日がとても楽しいのです。大好きなお客様に感謝されることが、働くパワーになっています。

世の中には、好きなことを仕事にして輝いている人たちがいる一方で、そんな人たちを横目で見ながら、昔の私のようにくすぶってしまっている人もいます。

自分の人生、このままでいいのか？　と感じているなら、起業に向けて行動を起こしてみましょう。何をどうすればよいかは、すべてこの本に書いてあります。

私の場合は、メンターがいなかったために ムダな失敗もしてきましたが、だからこそ、お伝えできることがたくさんあります。特別なスキルがなくても、お金がなくても、忙しくて時間がなくても、すぐに試せる方法を紹介しているので、ピンときたことから始めてみてください。

この本でご紹介する「ひとり起業のハウツー」は、誰でもカンタンにできることばかり。「えっ、こんなにラクでいいの?」と拍子抜けしてしまうかもしれません。「なんだ、ひとりでも起業ができるじゃないか」「自分は起業する資格は充分だし、できる力がある」と、自信が湧いてくる人も多いと思います。

ひとりでできることから始めて起業し、楽しく年収1000万円を目指しましょう!

起業は行動力! 動かないと、何も始まりません。そのことをよく知っている私としては、一人でも多くの方の背中を押したいのです。

みなさんが好きなことを仕事にし、わくわくしながら未来を創っていく。そのお手伝いができたら嬉しいです。

2019年9月

藤原恭子

ひとり起業の教科書　目次

第１章

「起業したいけど、不安」は90％間違っています！

第2章

自分を知って、理想の未来を作ろう

第3章

ここで差がつく！起業の準備期にするべきこと

第4章

危ない！ひとり起業で陥りがちな6つの罠

第5章 今はコミュニティを持つ人が成功する時代

第6章 ビジネスをもっと加速するために

装幀　豊原二三男（As制作室）
執筆協力　黒部エリ
DTP　NOAH
出版支援　永松茂久

第１章

「起業したいけど、不安」は90%間違っています!

「起業したいけれど、特別なアイデアもスキルもない」

「忙しいので時間がない。お金もない」

「起業したとしても、経済的にうまくいくかどうか心配」

そんなふうに考えてしまうのも分かります。

でもそれ、実は間違った思いこみであることが多いのです。

スキルなし、資金なし、時間なしでＯＫ。

起業のコツさえ知っていれば、成功できます！

何もなくたって、
ふつうの人だって起業できる！

「起業したいけれど、でも……」とためらう人たちに圧倒的に多い悩みと言えば、この思いこみでしょう。

「自分には特別なスキルがない」

「自分には新しいアイデアを思いつくことができない」


ですが、待ってください。自信を持てずにいるのは、あなたひとりではありません。

そもそも、スティーブ・ジョブズや孫正義のように、まったく新しいものを作る起業家のほうが稀なのです。

ひとり起業であれば、特別なスキルやアイデアがなくてもできます。


私の場合もそうです。ご依頼を受けたお客様のカウンセリングをし、その方に最も合うアクセサリーを作ることで起業しましたが、ジュエリー会社でデザイナーをしていた経験があったわけでも、心理学の専門家だったわけでもありません。

でも起業できました。スキルなしで始めて、ちゃんと軌道に乗せることができたのです。

もしあなたが、「起業するならオリジナルの商品やコンテンツを持っていなくてはならない」と考えているとしたら、その思いこみをバッサリ捨ててください。

オリジナルの商品がなくても起業はできます。ビギナーの方は、自分以外の誰かの商品やサービスを販売することから始めてもいいのです。

まだ実績もないうちから、自分の商品を「こんなにすばらしい商品なんです」と宣伝したり、「私のスキルが、お客様のソリューションとなります」と自分を売りこんだりするのは、ハードルが高いもの。

それに比べて、自分が体験してみてよかったと思う商品やサービスについて「この商品、すごくよいですよ！」と紹介するのは、ずっと楽なことです。

既存の人気商品を売って、販売手数料をもらうことだって、立派な起業です。

これなら特別なスキルがなくてもできるし、すでに売れ筋商品となっているのですから、売れることは確実です。

以下に、いくつか例を挙げましょう。

人気講座の主催者になるという起業のしかた

Oさんという女性は、ある心理学の先生の講座を受けてみて大変によかったので、今度は自分がその先生の講座を運営することを思いつき、行動を起こしました。

講師の先生はすでにコンテンツを持っているし、ファンもたくさんいるので、Oさんはイベント主催者として運営をするだけでいい。そして、イベントの収益から自分の手数料をいただくことで、ビジネスが成立したのです。

人の商品を、その人の代わりに売るという方法により、金銭的な利益だけでなく、その人のお客様とのつながりを構築できるというベネフィットも得られます。

イベントに参加した方々が「おかげでよい講座を受けることができました。ありがとうございます！」と言ってくださるのは、Oさんに対する信頼スイッチをパチンパチンと押しているのに等しいのです。

Oさんが後に自分のオリジナル商品を作り、それを元に本格的にビジネスを始める際に、このお客様たちが再びお客様になってくれる可能性は高いと言えます。

他人の商品やサービスを売る能力がある人ならば、自分のモノを売りあげることも確実にできます。

「がんばっている人を応援する」という起業のしかた

「人前で話すのは得意じゃない。前に出るタイプじゃない」

「自分はカリスマ性もないし、人を引っ張っていくリーダータイプでもない」

「だから起業できない」と思いこんで、怖じ気づいてしまっている人も少なくありません。

でも、なにも自分がリーダーにならなくてもいいのです。

Sさんという男性を例にとると、起業スクールに通ったものの、自分のコンテンツではうまくいかず、残念ながら一度は挫折してしまいました。

けれどもその経験から、起業家ひとりではできないことがたくさんあることを知り、サポート業を始めたのです。それが評判を呼んで、口コミでお客様が増えました。

今では彼はプロジェクト・ディレクターとして、起業家からアウトソーシングで仕事を請け、お客様と外注先の間に立って業務をこなし、お客様が気持ちよく仕事を進められるようにサポートしています。

会社員としてのふつうのスキルを活かした起業のしかた

私の講師養成講座に通ってくれた、Eさんという女性がいます。Eさんは資格を取得して独立したものの、ビジネスはうまくいかない状況でした。

そんな中、講師となった同期の仲間が講演会で使うパワーポイントを代わりに作ってあげたところ、大好評を得ました。彼女はもともと大企業で事務職をしていたので、パワーポイントの扱いはお手のものだったのです。

頻繁に講演をしている人は、毎回パワーポイントを作るのが大変です。そんなこともあって依頼は増え続け、Eさんは現在、パワーポイント作成の代行を仕事にしています。

会社員として当然持っているスキルでも、それをもとに、ちゃんと起業ができるのです。

「応援力」をビジネスにつなげよう

「人をサポートすることが好きな人」

「夢を持ってがんばっている人を応援することが好きで得意な人」

そういう人材は重宝がられて、同じお客様から何度もリピートされるのはもちろんのこと、口コミで評判が広がっていきます。

ですから、自ら営業せずとも、仕事がまわってくるようになります。

「応援力」があることで、ビジネスとして回っていくのです。


新たに事業を興す人のことを、英語で「アントレプレナー」と言います。かつては挑戦的でカリスマ性のあるリーダーといったイメージがありましたが、今は、そうでもありません。ふつうの人でもアントレプレナーになることが可能となったからです。

「人をサポートする」「応援する」といった新しいコンセプトのひとり起業だったら、誰でもできます。今の時代、すべての人に起業のチャンスがあるのです。

「特別なスキルがないと起業できない」「独創的なアイデアがないとできない」という思いこみを捨てましょう。

起業したいけれど、アイデアもスキルもない

↓

何もなくたって起業できる！

そう思って、一歩動き出すことから、起業は始まるのです。

この項のまとめ

- □**特別なスキルがなくても、誰でも起業できる！**
- □**自分のオリジナルコンテンツでなく、他人の商品を売る手もある！**
- □**人を「応援する」という起業もある！**
- □**会社員としてふつうのスキルでさえもビジネスになる！**

具体的なプランなど、なくてもいい

「起業するには、まず初めにビジネスプランを明確に立てなくてはいけない」と、一般的には言われています。

しかし実際のところ、会社勤めで、目の前の仕事をこなすことに手一杯だったりすると、起業ビジネスプランを明確にする余裕などありません。自分がどんなことを仕事にしたいのかさえ、よく分からないという場合もあります。

私もOLだった頃は、会社勤めをしていることに満足できず、とはいっても何をやりたいのか、自分に何ができるのか、ずっと分からないままでした。

ところがガンになり、それがキッカケで彼にフラれるという失意の中で、パワーストーンというものに出会い、アクセサリーを作っていったら、それがビジネスになったのです。

あの時彼に捨てられたから、ここからは自分ひとりでがんばろう！と考えることができたわけで、いわばケガの功名です。

そんな私の経験から言って、ひとり起業をするなら、将来のビジネスプランよりも何よりも、行動力が大事。いかに考える力があっても、行動しなければ、何も始まらないからです。

私はひたすら行動し続け、4000人のお客様をカウンセリングしていくうちに、自分のビジネスのビジョンが固まってきたのです。

動いてみると、コレだ!が見つかる

起業をしたいけれど、まだハッキリとしたビジョンを掴んでいないという方は、ピンときたことから挑戦してみましょう。

さまざまなことにチャレンジするプロセスを通じて、「自分はこういうことが好きなんだ」と発見したり、「こんなところに人が求めることがあるんだ!」とマーケットを見出したりして、自分の目標が見えてくるものです。

通販会社で働いていたSさんは、遠方へ転勤になったことを機に脱サラし、パソコン教室を開くという起業を果たしました。もともと面倒みのよい性格だったこともあって、業績は順調に伸びていきました。

ところがあるとき、Sさんは、「パソコン教室を開いて教えるという仕事は本来、自分のやりたいことではなかった」と気づいてしまったのです。それでSさんは、せっかくうまくいっていたパソコン教室も手放し、その後はSNSコンサルタントへと転身をはかります。そして現在は、海外を旅しながら、ネットで仕事をするスタイルを確立しています。
とにかく動いてみて、体験してみて、そこから自分の目標をクリアにしていった成功例と言えるでしょう。

転機は、思いがけないかたちでやって来る

先にお話しした私の経験談のように、病気をしたことで、思いがけない転機が訪れるというケースも少なくありません。

ＩＴ会社で働いていたＴさんの場合は、働きすぎが原因でウツになってしまい、どうにか復活するまでに長い時間がかかったそうです。でも、そんな時間も無駄ではありませんでした。

復活しかけの時期に、たまたまボクシングジムの前を通りかかり、なぜか吸い寄せられ

るように中へ入って、なんと入会までしてしまったのです。

そうしてボクシングの魅力に夢中になったSさんは、まるで別人になったように自信を取り戻していきました。そして驚いたことに、ジムのオーナーから、「会社を辞めてジムで働かないか」と誘われたのです。

今では、Tさんはボクシングジムの社長です。また、地元で評判の大人気トレーナーでもあり、ジムを大繁盛に導いています。

そんなTさんもIT会社で働いていた頃は、まさか自分がジムのオーナーになれるとは想像もしていなかったでしょう。

たとえ病気になっても、そこから今までとは違ったことが見えてきて、かつて予想もしなかった未来が開けることもあるのです。

柔軟にチャレンジしていくことが大事

飲食店で働いていたYさんの起業例もご紹介しましょう。

Yさんが働いていたお店の近くには、大きなセミナー会場があり、セミナー終了後の懇親会でのご利用予約がよく入っていました。そんなある日のこと、セミナーのスタッフが足りないという情報を得たYさんは、急遽アルバイトとしてお手伝いをすることに。

そして実際にやってみると、飲食店でサービス係りを担当しているだけあって、受講生のお困りごとに素早く対応することができたのです。その能力を買われ、その後も時々スタッフとして仕事を頼まれることが続きました。

そうした経緯を経て、Yさん自身がセミナールームを経営し、起業家のサポートをするセミナーなどのイベントを運営する会社を立ち上げました。これがとても順調にいっているのですから、チャンスはどんなところに転がっているか分かりません。

Yさんの場合は、飲食店でサービス業を経験していたことが、セミナー事業のサポートに役立ち、さらにはそこで経験を積んだことにより、起業を成功させられたのです。

ひとり起業は何をビジネスにしてもいいのですから、「こうでなければならない」と凝り固まった考え方をせず、柔軟にチャレンジしていくことが大事です。

起業したいけれど、何をビジネスにすればいいか分からない
↓
動いてみると、コレだ！が見つかる

あらゆるところにチャンスが潜んでいるのです。

この項のまとめ

- □**ビジネスの軸が決まるまでは、柔軟にいろんなことにチャレンジしよう！**
- □**起業は行動力！　ただ考えていても何も始まらない！**

資金がなくても起業はできる

「お金がないから、起業できない」
「初期投資ができないから独立できない」
「まだ貯金が貯まっていないから脱サラできない」
これが世間で一番よく「あるある」なカン違いです。

ひとり起業を果たした私が断言します。起業は、資金がなくてもできることなのです。

たとえば、起業したい人ががんばって1000万円を貯金したとしましょう。これだけあれば充分だと思うでしょう。けれども、たとえ1000万円あっても、もし起業してから一銭も稼げない時期が続いたら、あっという間に貯金を食いつぶしてしまうのです。

あるいは、「店を出したい」「会社を興したい」からと貯金をする。これ自体はいいことなのですが、そこに時間をかけすぎて、なかなか目標額に達しないまま起業のチャンスを逃してしまう人も多いものです。

世の中をよく観察すると、お金をかけずに起業する方法はたくさんあります。
先ほどご紹介したように、「人の商品やサービスを売る」「講座やイベントを企画する」「代行ビジネス」といった業務は、元手がなくてもできることです。

他人の商品を売るというビジネスにおいては、まず自分がその商品を仕入れて在庫を持たないといけないと思われがちですが、そうとは限りません。顧客から注文が来てから仕入れができるように、オーナーと交渉することが可能です。

講座やイベントを企画する際は、「ウェビナー」という方法があります。インターネットを活用してオンラインセミナーにすれば、会場費用もかかりません。
また、今は「ZOOM」という便利なアプリがあり、パソコンからスマーフォンなどのモバイルまで、あらゆるデバイスから参加可能のビデオ会議を開催することもできます。

代行で稼ぐのも、もともと自分の持っているスキルなので、元手はかかりません。

マイナスからのスタートでも、プラスに転じればいい

私は、貯金どころか、借金2000万円からのスタートでした。起業したばかりの頃、ある店舗オーナーの要請に応じて役員に就任したのですが、これは騙されたようなものでした。役員＝債務保証人ということになってしまい、なんと2000万円もの負債の返済義務を負わされてしまったのです。

マイナスもマイナス、とんでもない負債スタートでしたが、起業により月商200〜300万を稼いでいたので、一年ほどで無事に完済できました。

つまり起業で大事なのは、貯金高よりも、いかに毎月稼いでいけるか、なのです。

先述のIT企業で働いていたTさんのケースでは、会社での仕事は充実していたものの、サラリーマンとして働くことに魅力を感じなくなってしまったという悩みから、独立して起業することを考えるようになったようです。

それでまずは、クライアントになってくれそうな顧客に打診してみたところ、好感触を得たそうです。

その後会社の上司とも話し合って円満退職をし、その後はフリーランスとして仕事を請

け負うかたちで、会社員時代の顧客と契約を締結しました。さらには新規クライアントを開拓し、ビジネスを軌道に乗せました。

このTさんのように、自分が持っているスキルやクライアントから仕事を発生させ、起業することが可能です。

起業したいけれど、お金がない。

↓

お金をかけなくても起業はできる！

「資金がないから不可能」という思いこみを外し、今自分が持っているものを活かせばどんなビジネスが可能だろうかと、発想を広げていきましょう！

この項のまとめ

□資金がなくても始められるビジネスを発想してみよう！

一匹狼の不安を取り除く方法

会社員として働いていた人が、いざ組織を離れて単独でビジネスを展開するとなると、誰も頼る人がいないので不安でいっぱいになり、スムーズいくはずの仕事も難航してしまう、ということがあり得ます。

そんな時は、次の2つのことにトライしてみましょう。

①　起業している人がたくさん集まるコミュニティに参加する

会社員としての生活には慣れているけれど、これからは一匹狼としてやっていかなければならない。うまくやっていけるだろうかと不安でたまらない。というのはよくあることです。

でも、まわりに起業している人たちがたくさんいたら、彼らの働き方を見て、

「あ、こんな感じで働いているんだ」

「こんなふつうの人でも起業できるんだ」

ということを知り安心するはずです。

起業を目指す人たちが集まるグループや塾はたくさんあります。そのコミュニティに入って、彼らがどんなふうに仕事をしているか実際に見て、互いに応援しながら、ひとり起業を実践していきましょう。

② 副業から始める

いきなり今の仕事を辞めて収入を断つのは怖い。そう思うのは当然です。そこで私がお勧めするのは、まず副業や週末起業から始めること。今では副業を許してくれる会社も増えていますから、二足のわらじからスタートするのが賢明でしょう。

本業を辞めても食べていけるぐらい稼げるようになったら、副業を本業にスイッチすればいいのです。切り換えるタイミングは、本業の時間にまで副業が食いこんできたあたりです。

私の場合は、会社就業時間内にもお客様からお問い合わせの電話があるようになったため、副業を本業にして、自分の会社を立ち上げました。

飲食業に従事しているある男性の例では、一流レストランに勤務しながら、まずは友人宅を使っての食事会という形式で副業を始めました。

そして夏場は、さまざまなイベントでポップアップストアを出す試みを続けました。ポップアップストアとは、空き店舗などに突然出店し、一定期間を過ぎると突然消えてしまう店舗のことです。欧米では人気の宣伝手法で、これが日本でも増えています。

このようにして、さまざまな手法でシェフとしての知名度を高めていった彼は、現在、いよいよ自分のレストランを開く準備中です。

本業を辞める前に、まず副業として試運転してみて、お客様が何を望んでいるかを知ることは、とても大切です。また、お客様からの「ありがとう」をたくさん集めて自信をつけることも大切です。

本業を辞めてもかまわないレベルまで収入を得ること、そして新規ビジネスを本業にすることを目標に、まずはできることからやってみましょう。

起業したいけれど、やっていけるのか不安

↓

つきあうコミュニティを変えて、副業から始めよう

この項のまとめ

- □起業している人がたくさんいるコミュニティに入ろう！
- □副業、または週末起業を始めてみよう！

ドリームキラーの襲撃にあってもめげないで

起業したい人にとって、最大の関門となるのが、周囲の反対意見です。

あなたが「起業したい」と打ち明けると、たちまちこんなことを言う人たちが出てくるかもしれません。

「そんなことできっこない。そんな商品に需要があるのだったら、もうとっくにやっている人がいるはずだ」

「そんなにカンタンに行くはずがない。考えが甘いよ」

と批判的なことを口にする人々は、起業を経験したことがあるのでしょうか。経験もないのに、ネガティブな意見をぶつけてくるだけ。そんな人たちに夢を折られるのはもったいないですよね。

ドリームキラーの襲撃にあってもめげないようにするには、ひとり起業を志す仲間の存在が必要です。

前述のように、ひとり起業を応援してくれる塾やサポートグループ、勉強会がたくさんあります。そこで出会う人たちとの新しいつながりを、ぜひ大切にしてください。

さらに言えば、ドリームキラーは、あなたに批判的な人たちばかりではなく、あなたを大切に思う人たちであることも心得ておいてください。

起業をしようとすれば、家族やパートナーから反対される。これは、ほぼ例外なく起こることです。

「今の収入がなくなったら、どうするの」

「せっかくよい職に就けたのに」

そう言って、あなたを引き留めようとするでしょう。

妻は起業の夢を実現しようとしているのに、「家事や育児はどうするんだ」と夫が反対するというのも、よくあることです。

起業はしたいけれど、家族の同意を得られない。協力してもらえない。そう悩む方を、これまでにたくさん見てきました。

あなたを大事に思うからこそ心配してくれる人たちにどう対応していけばいいか。これは深刻な問題ですね。そんな時は、以下の3ステップにトライすることをお勧めします。

ステップ①未来思考で考えてみる

未来思考というのは、こうだったらいいなという未来を想像して、そこに到達するために現在することは何か、と逆算していく思考法です。

「もし未来の自分が現在の自分を見たら、あの時、家族から反対されていたけど、あきらめずに起業したから今の私がある、と思うだろう」

そう想像してみると、なんだか元気になるでしょう。思い切って起業をしようと、勇気が湧くでしょう。

あなたにとって理想の未来を作る選択肢を選んでいかないと、今ある現実を変えることはできません。

未来のために、あなたが現在すべきことは何でしょうか?

「起業」を選ぶことができたら、次のステップに進みましょう。

ステップ②家族が心配する点を、どうすれば解決できるか話す

なぜ反対しているのか、家族に理由を聞いてみましょう。そして相手の懸念する点をどうすれば払拭できるか話し合うことが大切です。

たとえば妻が、夫の起業に際し、この先の収入を心配するのは、もっともなことです。だとしたら、「貯金をここまで増やす」あるいは「副業収入がこのレベルになった時に脱サラする」といった解決策を提示することができます。

あるいは夫が、妻の起業に際し、家事や育児がおろそかになるのではないかと懸念しているのであれば、家事の分担や時短やアウトソーシングといった策を、家族間ですりあわせすることが必要でしょう。

ステップ③期限を提示して、覚悟を伝える

私の講座に参加してくれた、ある主婦の方のケースでは、「3年だけでいい。全力でが

んばるから応援してほしい」と期限を提示して覚悟を伝えたところ、家族の同意を得ることに成功しました。

期限を宣言すると、よりいっそう目標意識が高まり、夢を実現する励みとなります。その女性は、なんと3ヶ月で経済的に自立できるまでになりました。

起業したいけれど、周囲が反対している

↓

未来思考で考え、期限を設定して挑戦しよう！

「そんなことできるわけがない」「やめたほうがいい」と言われて夢をなくさないよう、今できることから始めていきましょう。

この項のまとめ

- □**未来思考で考えて、今するべきことを決めよう！**
- □**家族になぜ反対するのか理由を聞いて、解決策を提案しよう！**
- □**期限を提示して、覚悟を伝えよう！**

首都圏よりも、地方のほうが起業しやすい！

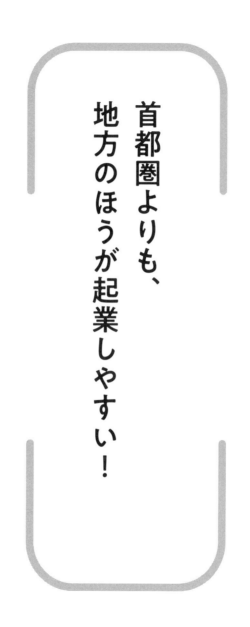

「起業したいけれど、田舎に住んでいるからチャンスがない」

そう思いこんでいる方はいないでしょうか。しかしそれは誤解です。実は、人口の少ない地方にこそ起業のチャンスはあるのです。

その理由を挙げていきます。


第1に、地方は未開拓市場のブルーオーシャンであるからです。

首都圏では、すでに多くのサービスや業種がひしめきあっていて、競争が激しく、レッドオーシャンとなっています。

それに比べると、起業家がまだ少ない地方では、同じ業種の競争相手も少ないので、市場開拓の余地がおおいにあるのです。


第2に、地方のほうが、マスコミ媒体の応援を得やすいからです。

地方紙、ローカルマガジン、フリーペーパー、ラジオなどに「取材に来てほしい」と呼びかけると、ローカルビジネスを紹介するために応じてくれる可能性が高いのです。これは、新規ビジネスを立ち上げた人にとって、大きなチャンスになります。

第3に、都会に比べて地方ではイベントやニュースが少ないため、何か面白いことをすると注目されやすいからです。

人と人との距離が近く、行動範囲が限られていると、狭いコミュニティという環境下におかれるため、圧倒的に口コミが広がりやすい、バズが起こりやすい。ことに、地元で発信力のある人と仲良くなると、一気に知名度が高まる。これは最大の利点です。

大都会よりも、小さな町のほうが口コミの影響力は大きいのです。ですから、一人ひとりのお客様を大事にして、絆を作りあげることが、地方での起業には不可欠です。

地方都市で起業に成功した人々

人口3万人の地方都市に住み、セミナー講師として起業した、Nさんという女性のケースを紹介しましょう。

Nさんの専門分野は「カラー診断」と「数秘術」で、この2つを兼ね備えた彼女の講座は、開講当初からとても人気がありました。自分に最も似合う色を知りたい、自分の運勢を知りたいという人は多いのです。

また、Nさんは何事にも前向きで、やさしい性格なので、講座に参加した女性たちはもとより、子供からシニア層まで多くの方に喜ばれ、その評判は、あっという間に口コミで広がっていきました。

こうして講座は規模を拡大し、今では東京でも開催されています。そしてなんと、わざわざ地元から東京まで出てきて、受講されるファンも多数いるとのことです。

お客様の一人ひとりを大切にして、愛されるようになった成功例です。

九州の最南端に住むOさんという男性は、地元の美容室で働いていたのですが、体を壊して働けなくなったため、ネット上で多くの人とコミュニケートする方法を独学で習得し、ZOOMを使った起業セミナーを開催するようになりました。

その手法は独特で、起業ハウツーを教えるのではなく、相手の話を聞きながら質問を繰り返すことにより、その人自身も気づいていない悩みや要望を引き出していくというコーチング形式です。お客様と一緒に問題解決をしていくという手法ですね。

Oさんがすばらしい手腕の持ち主であることは、口コミで広がりました。地方に住み、体が不自由でも、起業に成功したという好サンプルです。

起業したいけれど、地方在住だからむずかしい

↓

実は地方のほうが起業しやすい！

地方に住んでいることは決してマイナスではなく、それをプラスに転じる発想を持てば成功できることを、ぜひ覚えておいてください。

この項のまとめ

- □**地方はブルーオーシャンなので、起業に向いている！**
- □**地方は口コミ伝播力が強い！**
- □**お客様によい体験をしていただき、噂を拡散してもらうことが大事！**

第2章

自分を知って、理想の未来を作ろう

あなたにとって、理想の未来とは？
あなたは何が好きで、何が得意？
どんなことにお金を費やしてきた？
どんなことに悩んできた？

自分をよく知ることが、ビジネスにつながります！

「理想の未来」を
想像することから始めよう！

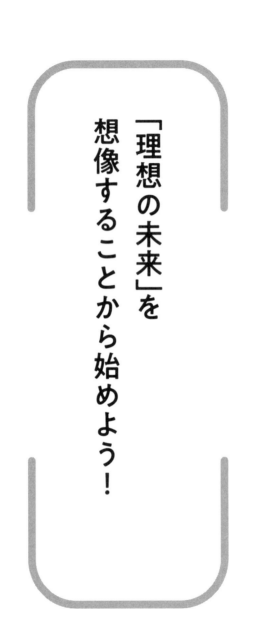

これまでに数多くの起業をサポートしてきた経験から、ひとつハッキリと言えることがあります。それは——

「起業に成功し、幸せを築いている人々はみな、理想とする未来のビジョンをしっかり持っている」

ということです。

起業するにあたり、最初から具体的なビジネスプランを確立する必要はない、それよりも行動を起こすことが大事、と前章で述べました。行動を起こすことにより変化が起こり、ビジネスの内容も変化していくからです。

ただし、理想とする未来のビジョンは絶対に必要です。それがないと、何のために仕事をがんばっているかわからなくなり、挫折してしまいます。

そんな私も、事業の初期段階では、未来のことなど考えていませんでした。目の前の現実に対処するだけで精一杯だったのです。

起業して三年たった頃、オリジナルアクセサリーを販売する店舗を3店に拡大したのはいいのですが、接客する店員の育成ができておらず、失敗してしまったのです。さらにガンが再発してしまうという最悪の状況でした。

そこで「人生のメンター」とも言うべき助言者に出会い、未来思考にシフトすることができたのです。

未来思考とは、自分の視点を仮想未来に置き、そこから現在を振り返ることによって、今起こす行動を決める思考方法のことを言います。

「こんなふうになったらいいいな」

と、自分が理想とする未来を思い描き、それを具体的な言葉にして、書き出していくと、今の自分の意識が変わります。そして、理想の未来を実現するための行動を起こしやすくなります。

自分が本当は何を望んでいるのか、探り当てよう

「理想の未来」と一口に言っても、それは人それぞれに微妙に異なります。仕事の成功、お金、豪邸を手に入れれば、誰でも幸せになれるというわけでもありません。

ある女性起業家は、月に100万~200万円稼いでいて、毎日お客様に囲まれて、とても幸せな働き方をしているように見えました。

けれども実際はそうではなかったのです。ある日、すごく悩んだ顔をしていたので、「どうしたの?」と尋ねると、「プライベートの時間がとれないのはつらい」と言うのです。

実は彼女は結婚がしたかったのです。しかし男性からデートのお誘いがあるたびに仕事の予定が入ってしまい、せっかく楽しみにしていたデートも断るしかなく、恋愛のチャンスを逃し続けていたようです。

しばらくすると、彼女はその仕事を辞めてしまいました。

またある男性起業家は、ビジネスで成功して全国を飛び回っていました。

けれども仕事が忙しすぎるため、妻子と離れることが多くなり、夫婦仲が悪くなってしまったそうです。そしてとうとう、離婚話にまでなりました。

そこで彼は考え直します。家族のために収入を増やしたかったのに、家族が壊れたら元も子もない、と。そして彼は、仕事を縮小したのです。

自分にとってどんな状態が幸せかを知っていないと幸せになれない、ということを教えてくれた実例です。

未来思考にシフトして、自分が本当に望んでいることを明確にする必要があります。

理想の未来を考えてみましょう。

どんな1日を過ごしたい？　どんな人の役に立ちたい？　何が欲しい？　いくら稼げば幸せになれる？

自分に問いかけながら書き出していって、「どういう人生を送りたいか」を考え続けることを習慣にしましょう。

この項のまとめ

- □**理想の未来を書き出してみよう！**
- □**その理想の未来のために、今できる行動を考えてみよう！**

「好きなこと×得意なこと」は成功しやすい！

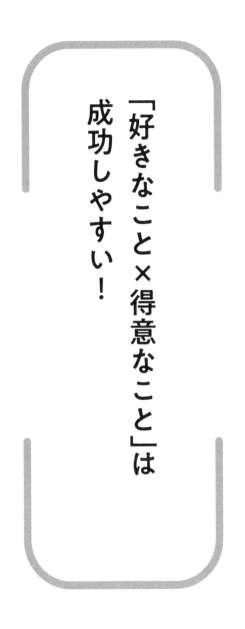

「このビジネスをすれば稼げる！」という情報にもとづいて起業したとしても、自分がやりたいことではなかったり、不得意なことだったりしたら、続かないものです。

ひとり起業において、仕事にすべきなのはズバリ「得意なこと×好きなこと」です。
「好きなこと」ならば、情熱を持って取り組めるので上達しやすく、
「得意なこと」は、人よりも上手にできるから求められるわけです。

「得意なこと×好きなこと」のミックスを仕事にすると、自分も楽しいし、相手もそれを求めているので気持ちよく活動ができます。そんな商品やサービスに満足してくれたお客様が口コミしてくれるので、あっという間にお客様の輪が広がります。

私の例で言うと、天然石や鉱物の持つパワーに魅せられて大好きになったこと、そして人の相談にのること、つまりはカウンセリングが得意だということ、この2つを掛け合わせて起業しました。

「でも自分に特技なんてないし……」

という人は、ちょっと見方を変えて、「人からよく頼まれること」は何かを考えてみてください。「これ、お願いできる？」「これ、ぜひあなたにやってほしいんだけど」と頼まれること、役に立って喜ばれることが、あなたの得意なことなのです。

結婚式のスピーチを頼まれたことが何度もあるという人は、人前で話すのが得意だということ。よく人から相談されるなら、人の話を聞くのが得意。飲み会の幹事を頼まれることが多いなら、イベントを企画するのが得意だということです。

社内の日常業務でも「パワポ作成を頼まれることが多い」とか「行き届いたサポートをありがとう」と喜ばれたといったことがあれば、それが得意なことです。

得意なことというのは、自分にとって簡単にできることなので、当たり前すぎて、その自覚がない場合もあります。

自分の得意分野が分からないならば、「私に頼みたいことがあるとしたら何？」と周りの人に聞いてみてください。

自分では気づかなかった、意外な答えが返ってくるかもしれません。

あなたにとっては簡単にできることでも、他人にとっては苦労することかもしれないのです。

たとえば私は数字が苦手で、３つのカウンセリングを同時にブッキングしてしまうというミスをしたこともあります。

そんな私が会計を管理し、スケジュール管理もするビジネスをしようとしたら、失敗していたに違いありません。

でも、それが得意な人だって、ちゃんといるのです。

他の人にとってはむずかしくても、あなたにとっては簡単にできること。それがあなたの得意分野ですから、ぜひとも大切にしてください。

自分では「それほど得意でもない」と思っていても、人から見たら「すごく上手」だったりすることもあるのです。

あなたがよく人から頼まれることは何？
どんな点をよく褒められる？
それを考えながらリストアップしていくと、自分の強みが浮かび上がってくるはずです。

夢中になれることは仕事につながりやすい

「好きなこと」というのは、それをできるというだけで楽しいので、タダ働きになったとしてもやりたい、お金を払ってでもやりたいこと、です。

それをやらないと生き甲斐を感じられないこと。夢中になってしまって、気づいたら時間が過ぎていたというほど没頭できること。それが好きなことです。

ファッションが大好き！　毎月雑誌を買って、最新のファッションをチェックしているという方は大勢いるでしょう。

しかし、デザイナーになれるほど才能がある人は一握りですよね。

では大好きなファッションで起業できないかと言えば、そんなことはありません。「好きなこと」と「得意なこと」を掛け算して、この答えをもとに起業すればいいのです。

たとえば、「人の相談にのるのが得意」「その人にどんな服が似合うかを判断するのが得意」「だから、買い物につきあってほしいとよく頼まれる」という「得意なこと」があるとします。

その「得意なこと」と大好きな「ファッション」を掛け合わせると、「その人に本当に似合う服を選んでさしあげるパーソナルスタイリスト」という仕事で起業できる可能性が見えてきます。

「人の恋愛話を聞くこと、恋愛相談にのることが好き」なんていう人は、充分に恋愛カウンセラーに向いています。

ホームパーティを開いて、人をもてなすことが好きならば、ケータリング会社を起業して成功する可能性があります。

大好きなことの裏側に、得意なことが潜んでいる

ゲーム好きな人も多いでしょうが、その全員がゲーム・クリエイターになるわけではありませんよね。

しかしあなたが「昔から友達に、むずかしい攻略法を分かりやすく教えてくれと頼まれてきた」という「得意なこと」があるとしましょう。

その得意なことと「ゲーム大好き」を掛け合わせると、「ハイレベルなプレイを初心者にも分かりやすく解説できる名解説者」になれる可能性が見えてきます。

特殊な分野に特化するという手もあります。世の中には、ボードゲームが好きで「ボードゲーム・ソムリエの仕事」という新たな分野を打ち立てた人もいます。ほかにもまだ、人が目をつけていないコトがたくさんあるはずなのです。

古民家が好きだから古民家を改造してプチホテルにしたという人もいます。

「なぜかアフリカが大好き」で、アフリカで起業する人もいるでしょう。

ある会社経営者の男性、Nさんのケースも、その一つです。Nさんは人に相談されてアドバイスをすることが昔から大好きで、「親身に話を聞いてくれる」「一緒に考えてくれるのが嬉しい」と、たくさんの人に喜ばれていました。

でも一方では、「バカらしい。お金にならないのに、仕事そっちのけで人生相談に時間をさくなんて」と冷たい目で見ている人もいたようです。

そしてある時、見かねた部下から「社長、もう他人の相談にのるのはやめてください」と言われ、大好きだったことを取り上げられてしまったのです。そうしたら、なんとNさんは抜け殻のようになってしまいました。ウツになりかけていたようです。

それくらい、人の相談にのることは自分にとって大切なことだったのだとわかり、Nさんは再び相談に応じることになりました。それでようやく息をつくことができ、魂が生き返ったような感覚だったと言っています。

Nさんは今、人材育成のスクールを主宰し、夢を叶えたい人たちに向けて、全国各地で講演をしています。

お金をもらわなくてもやりたいこと、それをしないと生きている気がしないほど好きなこと、それを仕事にするとうまくいく、というお手本です。

この項のまとめ

- □「好きなこと」×「得意なこと」をビジネスにしよう!
- □他人にはむずかしくても、自分には簡単にできる得意なことを考えよう!
- □それがないと生きている実感がないほど好きなことをビジネスにできると最高!

苦にならないことから始めてみよう

あなたの「得意分野」は、周囲の人が客観的な判断をもとに、そう教えてくれるので、「あ、自分はこれが得意だったのだ」と気づくことができます。

でも、あなたの好きなことはあなたにしかわかりません。「こういうの、好きでしょ」と人に言われても、実はそれほど好きではない、ということもあるでしょう。

「大好きで夢中になれること、得意なことをもとに起業しようと言われても、そもそも自分はどんなことに夢中になれるのか、分からないんです」

と打ち明けてくれた方がいます。そんな場合は、まずは苦にならないことから始めるよう、お勧めします。

会社員のDさんは、仕事帰りに起業スクールに通い、将来の夢をふくらませていました。しかし、具体的にどんな仕事で起業すればいいのかが分からなくて、人知れず悩んでいたようです。

そんな折に、スクール同期の仲間が一人、二人と起業を果たして活躍する様子、また苦労している様子を間近に見て、「スケジュール管理や経理、パワーポイント作成など、事務的なことを何もかも自分ひとりでやるのは大変だ」というニーズを知ったのです。

Dさんには、長年の会社勤めで得た事務スキルがあります。パソコンを使い、エクセルに延々と数字を入力することも苦になりません。

そこでDさんは、この事務スキルを活かして起業しようと考えつき、これがうまくいったのです。同じく起業した人々のタイムシェア秘書として、かゆいところに手が届くような働きをする事務局として、多くの起業家を支える存在になっています。

「絶対にやりたくないこと」は避けていい

「好きなことが見つからない」という人は、反対に「嫌いなこと」「絶対やりたくないこと」を書き出してみるのも手です。

人間、好きなことは変わる可能性があります。子供の頃からこれまでの間、その時々でマイブームにしてきたものだって変遷していることが多いはずです。

ところが、「嫌いなこと」は一貫して安定しています。

子供の頃から人前で話すことが苦手だった人が、大人になって司会者になることはあまりないでしょうし、数学が苦手だった子が数学の先生にはなりませんよね。

前述の会社経営者Nさんにとって絶対にやりたくないことは、毎日の通勤電車、ネクタイをすること、数字系の事務、嫌な人に頭を下げること、嫌いな人に会わなくてはならないこと、自分が動かないと物事が進まないこと、でした。

このように嫌いなことを明確に把握している人は、嫌いな道を通らずに生きていけますし、好きなことにエネルギーを集中できると思います。

絶対にやりたくないことは仕事にしないで、苦にならないことをやっていく。それなら長続きしますし、ストレスもありません。

この項のまとめ

□好きなことが分からない人は、「苦にならないこと」をやろう！
□絶対に嫌なことを書き出して、それ以外のことをやろう！

「お金と時間をかけたこと」をビジネスにしよう！

あなたが今まで、うんとお金を使ったこと、そして時間をかけたことは何でしょう？

それこそ好きなことであり、夢中になれることです。そしてお金と時間をかけた分だけ、他の人よりも学びが深いはずです。


私の場合、それは占いでした。

20代のＯＬ時代は、こじらせ女子でした。自分で問題解決できず、別れる決断もできず、毎日のように占い師さんに相談していた「占いジプシー」だったのです。


あまりに頻繁に通っているので、ある日、他の占い師さんからこう言われたほどです。

「そんなに占いが必要なら、自分が占い師になったら？」

この言葉こそ、私の行く道を言い当てていました。


占い師さんにたくさん話を聞いてもらったおかげで、いつの間にか私は悩み事を話すのが上手、聞くのも上手になっていたのです。プロ並のカウンセリングができるレベルだと思いました。

カウンセリングとは、相談者の話を傾聴し、その方が求めているものを汲みとって、的確なアドバイスをする仕事です。

上から目線でアドバイスするのではなくて、相手が求めているものを読みとって助言の内容を組み立て、「もっと聞かせて」と思ってもらえるように伝えなくてはいけません。

私が占いジプシーだった時代に、頼りにしていた占い師さんは二人いました。

一人は、私の話をじっと聞いてくれて、心の痛みに寄り添ってくれました。もう一人は、「自立しなさい」と力強いアドバイスをしてくれました。

私には痛みに寄り添ってくれる人と、自立を促がしてくれる人と、どちらも必要だったのです。この時の経験が、その後起業してカウンセリングする際にとても役立ちました。

カウンセリングにおいて、お客様に共感して寄り添いながら、その方が望んでいる方向へと背中を押してあげることができたらすばらしい。お客様の人生が、きっといい方向に動き出す。そう思って、意識して両方を採り入れたのです。

占いジプシー時代の経験から、「こういうふうに話を聞いてもらうと、心がスッキリするな」とか「こういうふうにアドバイスしてもらうと、前に進めるな」といったことを実感として掴んでいたことが功を奏しました。私のカウンセリングは、お客様に深い満足を与え、とても喜ばれています。

自分の大切なお金と時間を費やしたことは、身になっているものです。

あなたも、お金と時間を費やしたもの、手間をかけてきたものをビジネスにしてみませんか。さまざまなセミナーに足繁く通っていた人が、セミナー講師になって成功しているケースは多数あります。

旅行好きの人がツアーコースを組み立てるアドバイザーになった、ゲームにはまった人がゲームアプリ評論家になったというケースもあります。

この項のまとめ

□時間とお金をかけたことはビジネスになりやすい。

「悩んだこと」をビジネスにしよう！

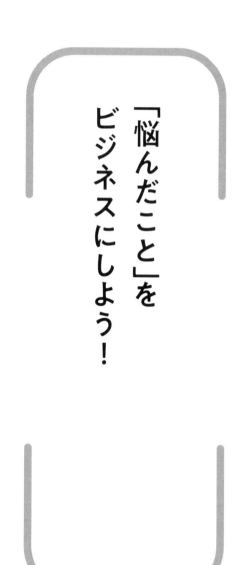

あなたが今まで苦労してきたこと、悩んできたこと。これもまた実はビジネスの糧になるものです。なぜなら、苦労している人や悩んでいる人の気持ちが分かるから。

人間関係に悩んだ人は、人間関係に悩んでいる人の気持ちが痛いほど分かる。学生時代に勉強が苦手だった人は、勉強が苦手な子供の気持ちが手に取るように分かる。そして婚活で苦労した人は、結婚したいけれどできない人の気持ちが実感として分かるはずです。

ですから、「苦労したこと」をビジネスにすると、お客様の気持ちに深く共感して寄り添うことができ、その方の求めている解決策を提供しやすいのです。

私自身、これまでにさまざまな苦労をしてきました。

20代の頃は、恋愛に悩み、ガンになったことで結婚が破談になり、起業して間もないというのに2000万円の負債を抱え、それらをなんとか乗り越えて30代を迎えたら、今度はガン再発など、たくさんの波乱がありました。

でも苦労してきたからこそ、たくさん悩んできたからこそ、人の悩みに耳を傾けることができるようになったのだと思います。

苦しい時にいろんな方からアドバイスをいただき、自分らしい人生を歩めるようになった。そうした経験から、ちょっとした一言が人生を好転させるキッカケになるということを知っています。ですから私は、困っている人がいたら積極的に手を差し伸べるということを続けています。

「つらい悩み」ほど、有力なコンテンツになる

本人にとっては、ただひたすら「つらい悩み」でも、それが有力なコンテンツになることもあります。

Hさんという男性は、長年腰痛に悩んでいました。しかし、いいこともあります。あらゆる腰痛対策を試してきたおかげで、実際に効く方法について、誰よりも詳しくなったのです。

Hさんはそのメソッドを詳しく解説するために、ガイドブックを作成しました。そして今、腰痛を解消する講座を主催しています。腰痛対策グッズの販売も行い、成功しています。

Mさんという男性のケースも紹介しましょう。Mさんは企業で忙しく働くビジネスマンだったのですが、大病をして休職せざるを得なくなり、そのことを機に、働かなくても収入が得られる投資の勉強をするようになりました。

さらには不動産投資の勉強をしているうちに不動産そのものに詳しくなり、すでに不動産業に従事していた友達と力を合わせて起業する運びとなりました。

その後は、Mさん自身が数々の不動産を所有するようになり、働かなくても収入を得られるという夢が実現したのです。

そしてセミリタイアした後は、深刻な病いから復活した経験を活かし、たくさんの人に勇気を与えるセミナー講師として活躍しています。

この2例のように、つらい思いをしてきたことが、ビジネスの有力コンテンツになる場合が多いのです。どんな苦労をして、どう乗り越えてきたのか、ぜひ聞かせてほしいという人がたくさんいるからです。

経験から得た知恵や知識は、立派なコンテンツになり得ます。

「自分にはそんな特別な経験がない」と思っているのだとしたら、とんでもない。

ダイエットの方法や食事法は、もとから痩せている人から教わるよりも、実際に肥満に悩み、克服した人に教えられるほうが共感できますし、信頼できます。

子供のお受験でさんざん悩んだ人ならば、お受験アドバイザーとして多くの人の共感を呼び、支持されていくでしょう。

苦労をすることは何らかのかたちで、あなたの糧になっているはずです。

この項のまとめ

□悩みや苦労は宝物。悩み苦しんでいる人の気持ちに寄り添えるから。

□つらい時期を乗り越えた経験は、今後のビジネスに活かせる！

第3章

ここで差がつく!
起業の準備期に
すべきこと

起業の準備をする「プレ起業」の時期は、すべてが手探り状態です。

どうすればよいのか分からず、間違った方向へ進んでしまうこともあります。そんなことのないように、大事なポイントをおさえておきましょう。

準備期にコレをやることで、成功へキックオフ!

１００円でもいいから
稼ぐ経験をしてみよう！

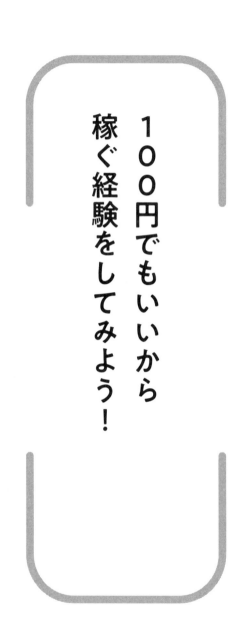

ここでは起業の準備期間にやるべきことを挙げていきます。

まず「何かでお金を生み出す」という経験をぜひしてみてください。

これほど大切なことはないからです。

これまで「勤め先からお給料をもらう」というかたちでしかお金を受けとったことがない人、自分でお金を生み出したことがない人は、本当に起業してやっていけるのだろうかと不安になるものです。

「自分」という看板になった時に、はたして商品は売れるのか?と。

今まで信頼を得ていたのは、実は会社やお店のブランド力だったのかもしれず、そこから離れたとたんに厳しい現実を見る人もいるでしょう。

それだけに、商品が1つでも売れるとものすごく嬉しいし、自信がつきます。「これならやっていけるかも」と可能性が見えてきます。そのことを知って欲しいのです。

まずは100円でもいいので、自分でお金を生み出す経験をすることをお勧めします。メルカリ、ヤフオク、フリマなどで販売するでもいい。エアビーアンドビーで部屋のレンタル費を稼ぐでもいい。人の商品を販売して、手数料をもらうでもいい。転売ビジネスでもいいし、誰かの講演会やセミナーなどイベントを企画するのもいいですね。

要は、給与を受け取る以外の方法で稼ぎ、「お客様からお金をもらう行為」に慣れることが大事です。

最初は利益にならなくてもかまわないので、とにかく慣れることです。

そして、お客様から「ありがとう」と言われる回数を増やしていきましょう。

いくら儲かったかよりも、売る回数と「ありがとう」を増やすほうが大切です。

それが自己肯定感につながり、自分も人の役に立てるのだと自信がつくと、どんどんチャレンジしようという気持になるはず。

また、人間の心理として、たとえ100円でもお金を払うと、「もっと払いたい、もっと買いたい」という気持ちになるものです。

ましてや、満足した結果としてお金を払うと、

「100円でこんなにいいサービスなんだから、もっとお金を払ったら、もっといいサービスを受けられるんじゃないか」

というふうに思ってもらえるわけです。

実例を示しましょう。

私も、OLをしながらパワーストーンのアクセサリーを作っていた頃は、まず友達に見せ、「欲しい」と言われると、材料費程度で販売していたのです。好きでやっていることなので、利益はさほど求めていませんでした。

そのため、口コミでどんどん広がっていったのです。

フリーマーケットに出店し、実際にアクセサリーを作っているところを見てもらいながら売るという「実演販売」をした時も、利益は度外視で、どれでも1個100円のプライスをつけていました。

1日に100個売れたので、その日は1万円稼いだことになりますが、出店料1万円、

そのほか材料費や交通費を引くと、利益ゼロどころか、大赤字でした。

でもその代わりに、自信を得ることができました。自分の作ったものがお客様に気に入られているという喜びの実感、そして、「売れる商品」であるという確信が持てたのです。

その後も対面販売の経験を積み、お客様一人ひとりに向き合ってオーダーメイド商品を作る機会が増えていったので、価格を上げました。

1個100円から1000円へ。1000円から5000円へ。そして、オーダーメイドのお客様が延べ1万5000人を超えたタイミングで、1万円にアップ、そして今では10万円以上にしています。

ずいぶん強気だな、と思われるかもしれません。私自身もそう思います。20代半ばまでは、とにかく自信が持てず、自分で何も決められなかったのです。でも起業をして、お客様に認められるという喜びの体験により、自己肯定感が上がったのだと思います。「自分はこれだけの価値を提供している！」と、自信をもって値段をアップすることができました。

はじめからたくさん稼げなくてもいいのです。

まずは100円でもいいから稼いで、お客様の「ありがとう」をたくさん集め、自分に対するアファーメイション（肯定）を増やす。

そのようにして「稼ぐ力」を高め、起業2年目あたりから、ビジネスをブラッシュアップしていけばよいのです。

この項のまとめ

- □ **100円でもいいので、自分ひとりでお金を稼ぐ経験を積もう！**
- □ **起業の準備期は、売上金額よりも、売上回数と「ありがとう」の数を集めよう！**

自分のコンテンツを売る前に、人の商品を売ろう

起業をするとなると、たいていの人は、オリジナルの商品を作ることに全精力をそそいだり、自分の講座やセミナーといったコンテンツを売ることに必死になったりするものです。

けれども、起業初期に商品開発をすることは、お勧めしません。

なぜなら、自分のオリジナルコンテンツを作って販売するには、それなりの経験やセンスがいるので、これから起業するという人には大変すぎるからです。

起業してまだ間もない段階では、お客様もそれほどいないし、他にも同じようなことをしている人がたくさんいる中で、コンテンツの差別化を図るのは容易なことではありません。自分の商品のアピールポイントも分からず、そもそもマーケティングの手法を理解していないことも多いのです。

なので私は自分の商品を売る前に、「人の商品を売る」ことをお勧めします。

自分が「買ってよかった」と思う商品や、応援したい人の商品を売って、「稼ぐ力」をつけていくことが、成功への近道です。

人の商品を情熱的に販売できるようになったら、その人は何でも売れるようになります。

例を挙げましょう。

私が作った「パワーストーンカウンセラー協会」のカウンセラー認定の最終試験において、一人だけ試験に落ちた女性がいました。その女性は、協会主催でイベントが開催される際に、自分だけはカウンセリングを担当させてもらえず、受付で本を売ったり、プレゼントを渡したりする係をしたのです。

ところが彼女は、ものすごく情熱的に本を一冊一冊売っていたのです。それを見て私は、「この人は特別だ」と感じました。

何かに対して、情熱と愛情を持って販売することができる。これができる人なら、講座だって何だって売れると思い、彼女に代表理事を任せてみたのです。すると実際に、彼女は売り上げを格段に伸ばすことができました。

またTさんという男性のケースでは、初めから自分のオリジナル商品を開発することにこだわりすぎていたため、なかなか売れず、精神的に追い詰められていました。

そんな時に、実家でご両親がやっている事業を手伝うことになり、父親に代わって営業をしてみたら、どんどん成果を上げるようになっていったのです。

こうしてお客様とのつき合い方や販売のコツを学び、やがて自分の商品も売れるようになりました。

自分のコンテンツを作ることが、やりたいことだったとしても、思うように売れないと、心が折れてしまいます。ですからまずは「応援する力」をつけたほうがいい、というのが私の考えです。

人の商品を販売していくうちに、

「お客様とこうやってコミュニケーションをとればいいのか」

「こうやって集客すればいいのか」

「こんなふうに提案すると、お客様は気持ちよく買ってくれるんだな」

とノウハウを学んでいくことができます。

人の商品であっても、それを販売することで、お客様とダイレクトにつながり、信頼関係を築けるというメリットもあります。

お客様に信頼していただけると、やがてオリジナルコンテンツを販売するようになった際に、「この人が開発した商品なら間違いない！」と買ってくれる可能性が高いのです。

人の商品を売っていくうちに、自分が本当にやりたいこと、情熱をこめられることが見つかるパターンも多いのです。

ある男性は、イベントを開催して、人のコンテンツを売っていたのですが、集客数がどんどん増え、彼自身が売れっ子になりました。

「どうしてそんなに集客できるんですか。どうしてそんなに売れるんですか？」

「私も起業しているのですが、秘訣を教えてください」

と聞かれるようになったほどです。

そこでその男性は、自分が実はその方面の能力に秀でているのだと分かり、集客とセールスの秘訣を体系化してコンテンツにしてみたのです。

現在その方は、「どうやったら売れる人になれるか」をテーマとするセミナー講師になっています。人の商品を売ることで販売スキルが身についただけでなく、ビジネスのやり方を教えることが好きだと気づくことができたのです。

起業するならまず商品やコンテンツありき、と思うのは大間違いです。

まずは「売る」力と、「応援する」力を鍛えることをお勧めします。

この項のまとめ

- □起業初期は、自分のコンテンツよりも、人の商品を売るほうがお勧め！
- □人の商品を売りながら、「お客様との関係」を作っていくことが大事！
- □人の商品を売っていくうちに、本当にやりたいことが見つかることも多い！

「場」作りができる人は最強！何でも売れる！

人の商品を売る方法はいろいろありますが、たとえば人の講演会やセミナーを企画することも、そのひとつです。

ある女性のケースを紹介しましょう。

彼女は、あるメイクアップアーティストが開講しているメイク教室に通い、男性ウケするメイクを学んだところ、1ヶ月で3人の男性から告白されるというモテ期が到来してしまったのです。

それを友人に話すと、「私も習いたい」という声が多数あがったので、そのメイクアップアーティストにゲスト講師となってくれるよう依頼し、メイク講座を開催することになりました。

それが婚活女子たちに大好評で、継続的に行われる人気イベントとなりました。売り上げも順調に伸び、企画運営費をまかなうだけの利益は充分に出ているようです。

本人にとっても、メイクアップアーティストにとっても、婚活女子たちにとっても、win－winな企画イベントになったわけです。

別のある女性は、OL時代に、同年代の女性を集めて、お料理イベントを毎月開いていました。あくまでも趣味でやっていることなので利益を考えず、会場費と食材費がまかなえて赤字にならなければいいいと、一人3000円の参加費で運営していたのです。

金銭的に大きな利益はなかったものの、この経験から、テーマを決めてイベントを企画するコツ、集客方法などを学ぶことができました。

そして起業を果たし、料理をテーマとするさまざまな人気イベントを主催して、稼げるようになったのです。

人が集まる楽しい場作りができる人は、最強です。これができる人は、どんなものでも売ることができます。

たとえば、みんなでランチをしている時に、

「この前、こんな素敵なモノを買ったんだ」

と、嬉しい出来事やいい商品などの情報のシェアができる人のもとには、自然と人が集まってきます。集客能力が高く、ひいては販売能力も高いということです。

私も友達に会っておしゃべりをする「場」では、必ずと言っていいほどいつも、自分で作ったアクセサリーを身に着けていました。無意識のうちに「商品展示」をしていたのかもしれません。そして友達がみな、「それ、私も欲しい！作って」と言ってくれたので、アクセサリー作りを副業として始め、それがやがて起業へとつながっていったのです。

コーチングビジネスをしている、ある女性の場合も、「場作り」のうまさが成功を導きました。

彼女は本業とするコーチングに励むかたわら、自宅を開放してフリーマーケットのイベントを開催していました。自分で焼いたパンを販売する人、手作りアクセサリーを販売する人、占いをする人など、多種多様な出店者が集まり、その出店者のお友達が大勢集まって、いつも賑わっていました。

そこで知り合った人々が、彼女のコーチングビジネスに、お客様として名を連ねるようになっていったのです。

あなたも、人が集まる「場」を企画してみましょう。少人数のランチ会、お茶会でもよいのです。

場作りをしていくと、参加してくれる人たちと信頼関係が築けるので、自分の商品も売れるようになります。

起業の準備期間にこういった場作りをして、未来のお客様を作っていきましょう。

この項のまとめ

□交流会やイベントを企画してみよう！

□場作りができる人は、未来のお客様を作ることができる！

お役立ちポイントを見つけよう！

「人が求めているものを提供し、役立つことができるからお金になる」というのが、ビジネスの基本です。

自分が売りたいものではなくて、人が必要とするものを売るからこそ、ビジネスが成立するわけですね。


あなたは、自分にどんな「お役立ちポイント」があるか、知っていますか？


Wさんという女性の場合は、OLをしながら起業したのですが、最初は何をしてもうまくいきませんでした。

そこで身近な人に聞いてまわり、「自分がどんなことをすると人に喜んでもらえるのか」を徹底的に調査することを始めたのです。

そこで分かったのは、「こんな楽しいことがあるよ」と情報発信するとみんなが喜んで耳を傾けてくれるということでした。より具体的に言うと、「講演会の企画をしてほしい」「イベント告知をしてくれると嬉しい」という声が多かったのです。

そうした声に応えて行動を起こし、最終的にWさんは、PRプロデューサーの仕事をするようになりました。自分ができること、かつ人から喜ばれることが、商品になったのです。

ビジネスのヒントは、身近な所にあるのです。まわりの人に「どんなことに困っているか」と聞いていくと、そこに自分のお役立ちポイントが見つかり、それがサービスになるケースは多いのです。

たとえば、メルカリやe-bayなどを利用してモノを売りたいけれど、登録手続き、商品の写真撮影、説明文を書いて記載、と何種類も作業しなければならないので面倒くさいと思っている人たちはいるのです。

そんな人たちから売りたいものを全部預かって、作業を代行し、できるだけ高く売って手数料をもらう仕事をしている人がいますが、そこにはちゃんと需要があり、だから供給が成り立つわけです。

文章を書くことが好きな人には、たとえばSNS投稿の代行という仕事もあります。

ある女性は、オンラインのマッチングサイトでの自己紹介文の書き方がとてもうまいので、多くの男性から連絡をもらっていました。そんな話を友人にしたところ、婚活したい男女から多数、プロフィール書きを頼まれるようになりました。

人のお役に立つ人になりましょう。

あらゆるビジネスは、人が困っていることを解決をすることから始まります。

自分が楽しくできることで、かつ人から喜ばれることを、商品やサービスにして提供する。これがうまくいくと、自分が本当に好きなこと、やりたいことをやって人に喜ばれ、お金もまわるという「幸せスパイラル」が生まれます。

この項のまとめ

□自分が楽しくできることで、かつ人の役に立つものが商品になる！

やりたいことよりも、求められることをやろう！

オリジナルコンテンツを持っている人が陥りやすい間違いは、自分が「伝えたい」こと、「こだわる」ものを売ろうとすることです。そこに大きな落とし穴があります。

私自身が経験したケースを紹介しましょう。

協会を立ち上げて、カウンセラーの講師を育成しようとしていた時のことです。講師となってセミナーをしたい人に向けて講座を作り、自分では非常にいい講座内容にしたと自負していたにもかかわらず、あまり手ごたえがなかったのです。

そこである先輩に相談したところ、

「それは本当に受講生たちが求めている内容なの？　その講座を受けて、セミナーできるの？」

と聞かれたのです。予想もしていなかった問いでした。

「……みんな、できないと言っています」

そう答えると、こう指摘されたのです。

「だったら、恭子さんが間違っているんだよ」

そこで考え方をシフトして、講師志望の人たちが何を求めているのかについて徹底的にリサーチしていきました。

すると、受講生たちが、「このストーンにはどんな効果があるのか」といった初歩的な知識や情報を知りたがっているということが分かったのです。

それらは、すでに本に書かれているので、授業では扱っていませんでした。

私は「自分が伝えたいこと」「講師向けの高度な知識」を教えていたのですが、本来は講師になる以前の初心者が学びたいことを伝えなければならなかったのだと、あらためて気づきました。

そこから、講座の内容をガラッと変更したのです。

講師になった人が売りやすいセミナーにしていったのです。


また、講師になるための資格をせっかく取得したのに講師活動をしない人もいたので、なぜやらないのかと理由を尋ねると、なんと「人前で話せません」という答えが返ってきたのです。

私はてっきり、人前で話したいから、みんな講師になりたいのだと思っていたのですが、そうではなかったのです。

そこで私が講師として人前で話している姿を撮影して動画を作り、受講生たちに見てもらうという講座を新たに設けました。

その結果、卒業後は実際に講師としてデビューする人が増えていったのです。

自分では「いい」と思っていても、お客様が求めている内容と違うこともあります。自分がやりたいこと、伝えたいことよりも、まずお客様が何を求めているかを知り、その要望に応えられるものを提供しましょう。

この項のまとめ

- □お客様が求めることと、自分が伝えたいことが違うこともある。
- □お客様が求めていることをリサーチしよう。
- □自分がやっていることと、お客様の要求とにズレがないか確認してみよう。

第４章

危ない！
ひとり起業で陥りがちな
６つの罠

ひとり起業の初めは、何が正解なのか分からないもの。
ひとりよがりに考えて、よかれと思ってしたことが逆効果になるなど、
思わぬ罠が潜んでいます。
ひとり起業に「あるある」なミス、
それはいったいどんなもの？

罠①
集客をＳＮＳにだけ頼るのは危険

高度情報化社会となった今、起業にＳＮＳは欠かせません。ＳＮＳを使えば、自分の商品やサービスを無料で宣伝告知できるのですから、これほど便利なツールはないでしょう。インスタグラムのステキな写真で商品を見せて、多くのフォロワーを集める。あるいは、ブログで書いているうちに共感を集めて人気ブロガーになる。ツイッターでバズって知名度が高まる。そこからビジネスに発展するケースは数え切れないほどあります。

商品やサービス、そしてまたコンテンツを、ＳＮＳの助けなくして売るのは不可能と言っていいくらいです。

けれども、集客をＳＮＳばかりに頼るのは危険です。

ＳＮＳでつながっているだけだと、お互いが本当に相手のことを知っている仲とは言えず、希薄な関係です。

それに比べて、リアルな人間関係には圧倒的な強さがあります。

私は実際に延べ４０００人のお客様にカウンセリングをしてきましたが、リアルに会ってリアルな関係を築いているので、私を信頼してリピーターになってくださる方、どんな時でも応援してくださる方など、信頼でつながったコミュニティができあがっています。

ツイッターやインスタグラムは、バズった時に大量のフォロワーがつきますが、反対に、何かの投稿がキッカケでごっそりフォロワーが減ったりします。

インスタグラムをやっているある女性は、写真の撮り方にセンスがあるので、短期間に多くのフォロワーを獲得したのですが、自分の商品を売ろうとすると、ほとんど反応がありませんでした。写真に対して「いいね」と返してくれても、購買欲をそそられたというわけではなかったのです。このギャップに気づかなかったことが敗因でした。

でも、実際のイベントやフリーマーケットに出店したりしているうちに、リアルな人間関係が広がっていき、だんだんと商品が動き出し、それが弾みとなって、インスタグラムでの宣伝が実売につながりだしたのです。

SNSは、賢く利用しましょう。商品宣伝や販売、または集客などにSNSを活用するのはよいことですが、その効果のほどを過信していると、期待外れの結果を招くことになります。

リアルな出会いを大切にしていきましょう。

リアルな世界では、一人目のお客様を大事にすることで、二人目、三人目とつながり、広がっていくものです。

この項のまとめ

□ＳＮＳに頼りすぎず、リアルで出会った人たちを大事にしていこう！

罠②

実績がないのに、高額商品を手がけるのは危険

ひとり起業の初期段階では、高額商品を販売することは避けたほうがいいと、私は思います。品質に「こだわった」ので材料費がかさみ、結果として販売価格が高くなってしまったというのはよくあることですが、品質の良いものだから売れるはずだと思いこんでビジネスを始めると、うまくいきません。

その商品やサービスが実際に高品質でよいものだとしても、多くの人が求めているものとは少し違うかもしれません。ニーズを的確に把握しないまま製品化してしまうと、的外れになりがちです。

そんな商品を高額で買わされたお客様は、当然のことながら満足度が低く、場合によってはクレームにつながりやすいのです。そして不満満載のネガティブな評判が口コミで広がってしまうことになるのです。

ビジネスの初期段階では、お客様に満足していただけることを第一とすべきです。「ありがとう」を蓄積する時期なのです。

商品を作るよりも、先に人の話を聞きましょう。そして、「売る力」をつけましょう。

ビジネスで一番簡単なスキルは、「売ること」と「人を集める」ことです。

「え、それが一番むずかしいんじゃないですか」と驚かれることがありますが、実は逆なのです。セールスと集客が先。まずセールス力をつける。そしてある程度の販売実績を積んでから、つまり集客力をつけてから、「もっと価格を上げたい、収益を増やしたい」と思うのなら、サービスの内容や価格を見直すとよいのです。

その際に、これまでお客様からいただいたご要望を反映して、改めて商品設計をし直す、というのが賢い方法です。

販売実績も集客力もないのに、いきなりハイクオリティの高額商品を作って買ってもらうなど、至難のワザです。

質の高い商品やコンテンツを作れば売れるはず、という発想はやめて、まず売り上げ経験を積み、その中から掴んだお客様のニーズに応える商品を設計しましょう。

この項のまとめ

□起業初期、売り上げよりも大切にすべきは、たくさん経験を積んでお客様の声をもらうこと。

罠③

自分をキラキラに盛った投稿、ネガティブな投稿も危険

人によく思われたい。それは誰もが思うことだと思います。
でも、あまりにも自分を着飾った投稿ばかりして、本当の自分とSNSでの自分がかけ離れてしまうと、本人も違和感を感じて苦しくなり、そのストレスが読んでいる人にも伝わります。そうして、偽りの自分はいずれバレてしまうものです。

起業初期の段階は、まだ実力も影響力もないのですから、「みんなの憧れの存在になりたい」「尊敬されたい」と思っても、すぐにそうなれるわけではありません。
それよりも、成長している自分を見せたほうがいいのです。その成長も含めて、お客様に楽しんでいただくことを心がけましょう。

最初は、お客様から応援されることが大事です。
自分をよく見せることしかやっていない人は応援されません。応援されるには、リアルな自分を出し、がんばって成長しているところを見せたほうがいい。

「こんなイベントに出ました！」

「こんな人に会って、こんなことを言っていただきました！」と実際の行動や、そこでの自分の気づきや学びを発信していくと、応援者が増えていくものです。

「本当の自分を分かってほしい」という気持ちも、落とし穴になりがちです。SNSでは、できるだけいい情報を発信しようとするので、たまにデビルゾーンの自分を吐き出さないとバランスがとれなくなっていきます。時には毒を吐きたくなるのも分かります。

でもお客様があなたのSNSを見る時は、あなたのドロドロした感情を見たいわけではありません。

そもそもSNSはパブリックの場です。公共の駅や公園、イベント会場などでツバを吐いたりしないように、毒を吐くことも慎まなければなりません。他人を不快にさせる投稿はすべきではありません。

悩んでいることがあったとしても、「この悩みからこんなことを学びました」と、最後はポジティブな内容に換えて投稿しましょう。

自分でビジネスをする、お金をもらうと決めた時点で、「ＳＮＳ発信も相手のために」という視点を持つことが必要です。

自分のためではなく、お客様のお役に立つために、という視点で発信しましょう。

この項のまとめ

□ＳＮＳでは等身大の自分を見せ、がんばって成長している姿を投稿しよう！

□ＳＮＳは公共の場なので、ドロドロした感情吐露は御法度！

□投稿する際は、お客様のお役に立つかという視点を持とう！

罠④
競合他社のことばかり研究するのは危険

大企業は競合相手の研究を徹底的にするものですが、ひとり起業の場合は、競合研究は不要、と私は考えています。

しかし、ひとり起業をした人たちによく見られるのが、競合他社を気にしすぎること。ついい他人と比べてしまうのです。

「Aさんはこんなに安くサービスを提供している。私ももっと安くしなくちゃ」
「Bさんはこんな高い値段で売っている。私も同じぐらいにしよう」
「Cさんがこんな商品を出しているから、それとは違う商品を作ってみよう」
と競合他社の研究をすることは、ひとり起業ではそれほど重要ではありません。

なぜなら、起業初期に商品を買ってくれるお客様はたいてい、自分の友人知人と、その周辺の人々だからです。その人たちの求めるサービスがどんなものかをヒアリングして、それを提供できるようになることが先決です。

また、売れている講師やカウンセラーのマネをして、ヘアやファッションや話し方も同じにしようとする人もいますが、それでは差別化できなくなるだけ。

それよりも、「あなた」についてくれるお客様に、意識を向けてください。

同業のAさんについているお客様と、あなたの周りにいる人々では、求めているサービスも価格帯も異なるかもしれないのです。

Aさんがあるサービスを始めたのを見て、同じサービスをしたとしても、あなたのお客様が求めているものでなければ喜ばれません。

自分の周囲にいる人々が求めているサービスを、お求めやすい価格で提供しなくては、お客様になっていただけないのです。

競合他社の研究をするぐらいだったら、買ってもらいたい人たちのニーズを掘り起こすほうが、はるかに賢明です。

ついつい他人と比べてしまうクセはなくしてください。今ついてくださっているお客様のニーズに耳を傾け、そのリクエストを反映していきましょう。

この項のまとめ

□競合他社の研究をする時間があったら、お客様のニーズを研究しよう！

罠⑤
新規顧客の獲得に力を入れすぎると危険

ビジネスをする以上は、新規のお客様にできるだけ多く来ていただくことが大切です。けれどもその一方で、これまでのお客様が離れてしまったら、元も子もありません。せっかく来ていただいてもリピートせずに1回限りだったら、つねに新規顧客を獲得するためにがんばり続けなければならず、売り上げの面でも自転車操業になってしまいます。

基本的にビジネスは、お客様がお客様を呼んでくるものだと思います。目の前のお客様を大切にすることで、新たなお客様を呼んでいただける。それがよいビジネスの循環です。

お客様がお客様を呼んでくる、つまり口コミを起こしてもらいたいなら、相手の期待値をはるかに超えるサービスを提供しないとなりません。

お客様が想定した価格よりもうんと安いとか、予想以上にすばらしい商品やサービスであるとか、期待以上の特典であるとか、そういう意外性・サプライズが必要です。

新規顧客を増やすことよりも、相手の期待をはるかに超えるサービスを提供するにはどうしたらいいかを考えることのほうが大切です。

そして何より肝心なのが、お客様の気持ちに寄り添えること。極端なことを言えば、商品がなくても、お客様の気持ちに寄り添うことができるなら、それが一番強いのです。

私がカウンセリングをしながら、お客様に合うアクセサリーを作っていた時、最も大切にしていたのは、お客様の悩みに真摯に向き合うことでした。

誰しも、友達にも打ち明けられない悩みを抱えているものです。そんな話を真剣に聞いてくれて、幸せを願ってくれる。そういう存在がきっと、お客様にとって癒やしとなったのでしょう。

広告宣伝や市場開拓をするのも大切ですが、売ったきりで、何のフォローアップもしない。1回きりで、お客様の顔も名前も忘れてしまう。そんな状態では、リピーターは増えていきません。

起業して発信もがんばっているし、営業も一生懸命やっているのに、あまりビジネスがうまくいかない人は、お客様のフォローアップをしていないことが多いのです。
あなたは目の前のお客様の気持ちに寄り添い、喜んでもらえているでしょうか。そこが一番大切です。

この項のまとめ

□目の前のお客様を幸せにすると、新たなお客様を呼んできてくれる！

罠⑥
自分の独断で商品価格を決定するのは危険

ビジネスの初期は、自分が扱う商品やサービスの適正価格を判断することはむずかしいものです。

まだ自信がないため、「私なんて」と自ら過小評価しがちだからです。

反対に、世間で流行っている同様の商品を規準に値段づけをすると、まだブランド力がない人の場合は、お客様に「高い」と感じられてしまうおそれがあります。


ですから、最初は自分で価格を決めないこと。

お客様になってもらいたい人たちに、初回は無料でサービスを提供し、

「このサービス、いくらぐらいだったら買いたくなりますか？」

とリサーチするのがベストです。


リサーチをしてみると、自分で考えていた金額の何倍もの値段をつけてくださることも多いのです。

自分としては1000円ぐらいの価値だと思っていたのに、5000円とか1万円とか値付けをしてくれたので驚いた、ということはよくあることです。

会社勤めをしていたKさんは、パソコンが好きで、自分であれこれと勉強してワードプレスに習熟し、SEO対策も扱えるようになったので、知人から「サイトを作ってほしい」と依頼を受けることが増えました。

そのお仕事の一つとして、今まで無料ブログサイトでブログを続けていた人が新たに自分のサイトをオープンしたことから、過去の記事をすべて新サイトに移す作業を請け負ったところ、Kさんが想定していた金額の3倍ものフィーをもらえたのです。

「このサービスだったらいくら払いたい？」
「いくらだったら、この商品に払ってもいい？」
そうお客様に尋ねてみましょう。

この項のまとめ

□自分ひとりで価格設定をせず、まずはお客様に聞こう！

第５章

今はコミュニティを持つ人が成功する時代

楽しい場を作る。

応援してくれる人を持つ。

メンターを持つ。

後輩を育てる。

この４つはとても大切で、「強み」の要素です。

あなたの「強み」をバージョンアップするために、同じビジョンを分かち合える人たちに呼びかけてコミュニティを作りましょう。

「120%先輩」を見つけよう！

人生や仕事においてよきお手本となり、指導や助言もしてくれる存在、いわゆる「メンター」と呼べる人がいると、自分の進む方向が明確に見えてきます。

でも私自身は、起業を始めた時にはメンターがいませんでした。そのために痛い失敗もし、借金も背負ってきました。ムダな回り道をしたものです。

ひとりっきりの起業は、まさに闇の中を手探りで進むようなもの。私もあの時にメンターがいてくれたら、どれだけ違っただろうと思います。

メンターがいれば、起業の疑似体験をできるので、「こんなふうにすると失敗する」と予測がつき、リスク回避に役立ちます。

その効果は絶大ですから、よいメンターを見つけるのはとても大切なことです。

と同時にまた、よいメンターを見つけたとしても、あまりにも自分とレベルが違いすぎると、近づくチャンスすらないかもしれません。

すばらしいメンターの著書や講演から学びを得て、メンターのマネをしてみようとしても、あまりに高度なので、初心者にはむずかしいという場合もあるでしょう。

そこで私がお勧めするのは、身近に「120%先輩」を探して、その人のマネをすることです。

こんな人になりたいと思う人、そして自分の半歩先を行っている人が、「120%先輩」です。彼らのマネをして、彼らから学びましょう。

120%先輩が周りにたくさんいる人は、成長が速いのです。指針となる存在がいるおかげで、不安や迷いがなくなるからです。

自分とかけ離れた人ではなく、自分より少しだけ先を行っている人ならば、彼らの実体験を「自分事」として考えられるというメリットもあります。

私の起業初期には、120%先輩はいませんでしたが、その後事業を拡大していく過程で、人材育成のための協会を作ろうとする人々の組織を介して、多くのすばらしい先輩に出会いました。

「120%先輩」がたくさんいる環境に身を置くと、仲間が増える、売り上げが上がるなど、いいこと尽くめです。

もし今、あなたの周囲に120%先輩が見当たらないなら、ぜひそうした人がいそうな場へ出かけてください。起業したい人たちが集まるイベントや勉強会、ビジネス塾、セミナーなどに積極的に参加しましょう。

ひとり起業にありがちな「正解が分からないまま手探りしていく状態」とは違って、導き手があることのベネフィットを得られるでしょう。

120%先輩を探す、アンテナを張ってみてください。

この項のまとめ

□120%先輩を探して真似しよう! 仲良くなって、いろいろ教えてもらおう!

メンターとつきあう上で大事なこと

よいメンターとなってくれる人の見わけ方についても、お話ししましょう。

まず、自分の利益ばかり考えている人、つまり「for me」のメンターとつきあうのは大変なので、避けたいところです。

ビジネスを成功させ、また周囲の尊敬を集めて、メンターと目される人物であっても、実は自分のことばかり考えている人は、「人を育てよう」「世の中をよくしよう」という発想がないので、そんな人のそばにいても、成長することができないのです。

まわりの幸せを考えられる人、つまり「for you」のメンターを持つことが理想です。

あなたの住む社会にも、そういう方が必ず一人はいるはずです。その方とお近づきになるだけで、何段階もステップアップできるでしょう。

メンターがどういう人物かというのは大切なポイントですが、さらに言うと、メンターとのつきあい方が最も大切です。

メンターを頼って、何もかも教えてもらうのではなく、ある程度教えてもらったら、メンターが喜ぶことで自分ができること、メンターの持つコミュニティが発展するために自分ができることを考えてみましょう。

たとえば、自分が120％先輩になって、後から入ってきた後輩を支えてあげることが、メンターにとって嬉しいことかもしれません。

または、自ら率先して行動を起こし、よい事例を作ってメンターのコミュニティに貢献するとか、後輩の相談役になってあげるとか、メンターが困っていることに対して手を差し伸べるとよいのではと思います。

メンターから何を得られるかではなく、メンターに対してどういう貢献ができるかを考えて行動していくと、メンターに信頼され、よりいっそう可愛がってもらえます。

そうすると、お互いに応援し合う関係になり、一緒に成長していけるという、よい循環が生まれます。

ものすごく簡単な貢献でもいいのです。メンターが話している時に笑顔で聞くとか、新しくコミュニティに入ってきた後輩に、明るく声をかけるということも立派な貢献です。

「ムリすればできる」ことではなくて、タダでもできることをやっていきましょう。
相手のことを考えて、今の自分にできることを精一杯しましょう！

この項のまとめ

□メンターから何を得られるかではなく、メンターに対してどういう貢献ができるかを考えよう！

「苦手なこと」は得意な人にお願いしよう

誰にも苦手なことはあり、どの方面のこともまんべんなくできるという人は極めて少ない、いやむしろ「いない」と言っていいくらいです。

もしそんな人がいるとしたら、その人はむしろ、自分には突出した能力がないと悩んでいるかもしれません。

得意な分野もあれば苦手な分野もある。そうであって当然だと思います。

自分が得意なことには積極的にチャレンジし、苦手なことは人に任せる、というのが効率的です。

たとえば、集客や営業が苦手な人は、「イベントを企画してもお客様が集まらなかったらどうしよう」と悩んでいないで、それを得意とする人に頼んで、会を成功に導き、売り上げの一部を支払うという方法があります。

そうやって得意な人にお願いして、新規のお客様を集めてもらい、そこで出会ったお客様とよい関係性を作っていけばいいのです。

あなたのまわりにも、よく人のイベントやセミナーを企画している人がいるのではないでしょうか。そういう人に相談してみましょう。

そして、文章を書くのが苦手だとか、ＳＮＳで情報発信するのがむずかしいとかいう場合は、発信が得意な人と組んで、原稿料をお支払いするのも、ひとつの方法です。

写真についても同様です。せっかくステキな商品なのに写真映りが悪かったら、魅力が伝わらないので、プロのフォトグラファーにまとめて1ヶ月分のインスタグラム写真を撮ってもらい、自分は毎日アップするだけ、という方法もあります。

苦手なことを自分ひとりでがんばり続けるのは、つらいことでしょう。ストレスがたまり、ますます負担が大きくなっていくので、好きで始めたビジネスも続けられなくなってしまいます。

ある経営者の方は、単調な作業や事務仕事が苦手で、これ以上続けていると気持ちが折れそうだというので、事務はすべて人に任せることにしたようです。

その反対に、事務が得意な人はそれを仕事として、タイムシェア秘書として成功しています。

お互いに苦手な分野を助け合うことで、絆が深まり、お金もまわるという、よい仕組みを作っていきましょう。

苦手なことは、得意な人にお願いすればいいのです。そして、誰かにとっては苦手なことでも、自分は得意だということがあれば、その人の力になってあげるといいのです。

この項のまとめ

- □**苦手なことは、得意な人にお願いしよう！**
- □**お互いに苦手なことを助け合うことで、人との絆が深まり、お金が好循環する仕組みを作れる！**

口コミ拡大＆10年応援される ビジネスの作り方

私が昔から強く意識していたのは、お客様に商品を買ってもらうだけではなく、お客様になってくれた人に口コミで広めていただき、「応援する人」になってもらうことです。口コミの効果は絶大です。商品やサービスを実際に体験した人が、「よかった」と宣伝をしてくれることが一番説得力があるのですから。


そのためには、まず「バランス崩し」をする必要があります。

たとえば、本来１００円で提供するものを10円で提供する。それは価格面でのバランス崩しです。

あるいはエステサロンで、お客様のお好みの香りを伺っておき、次回サロンにいらした時にその香りのアロマを焚く。これはサービス面でのバランス崩しです。

こうしたバランス崩しにより、意外性のある演出をすることができます。その一瞬の驚きや喜びがお客様の期待値を上回ると、感動を生み出します。そしてお客様は、「すごくよかった」と口コミで宣伝してくれるようになるのです。


必要なのは、お客様が何を求めているのだろう、どんなことにお困りだろう、と想像すること。もし聞くことができるなら、お客様に直接聞いてみましょう。

ある経営者の方と話していた時のことです。その方は今後やりたいと思っている多くのことを挙げて、ご機嫌でいらしたのですが、私は内心「全部実現するのは大変だな」と考えながら聞いていました。

「そもそも、全体設計はできているのかな」という懸念もありました。それで後日、私なりに設計図を作って、その方にお渡ししたのです。

すると、ものすごく感動してくださって、一気に仲良くなり、仕事をたくさん依頼されるようになったのです。

会話を通じて、その人が悩んでいることを聞き、自分が提供できることを進んで提供する。そうすると「ありがとう」という感謝とともに、信頼関係が生まれます。これを繰り返すことにより、応援してくれる人が増え続け、よい人間関係を築けます。

私は起業当初から、「1日に1回は必ず、お客様のことを考える時間を作る」ことを日課にしています。寝る前には必ずお客様の顔を思い浮かべて、みんな幸せになったらいいなと思って眠りにつくのです。

この習慣を継続しているおかげで、翌朝起きた瞬間に、「このお客様にはこれが必要だろう」と頭に浮かび、即座にメールで情報提供するという、離れ業のようなことが可能になりました。

今日会った人のことを考える時間を作る。お客様のことや友達のことを考えて、自分ができることを見つけていく。その繰り返しでビジネスは大きくなっていきます。

人を幸せにしないビジネスは、世の中に必要とされません。
人を幸せにしたいという気持ちがなければ、長続きしません。
人を幸せにすることが、10年応援されるビジネスのカギです。

この項のまとめ

- □**お客様が求めていることを考えて、進んで提供しよう！**
- □**1日に1回、その日会った人のことを考える時間を作ろう！**

カリスマリーダーは、
もういらない

今の時代、コミュニティのかたちや、リーダーのあり方も変化しています。

そうした変化が顕著に見られる一例として挙げられるのが、ネット上で影響力を持つ人がオンラインサロンを開くケースが目立って増えていることです。

個人起業においても、どんなコミュニティを持ち、どう運営していくかが、社会への浸透度や成否を分ける重要な要素になっています。

私はコミュニティのかたちを3つに分けて考えていますが、その分類基準は主に、リーダーの資質によります。

1　カリスマ型
2　プリンセス型
3　ビジョン型

この3つのうち、長く持続するコミュニティは1つですが、どれだかお分かりになりますか？

答えは、3「ビジョン型」です。

「カリスマ型」ではなぜ長続きしないのか、を説明しましょう。

カリスマ型リーダー、つまり圧倒的な存在感を持つリーダーというのは、中小企業の創業者や叩き上げの人、または、現代的ビジネスで大成功したカリスマ経営者などによく見られ、そうしたタイプのリーダーが率いる組織は、昔ながらの気風で、上下関係を厳しく問われるようです。

給与を支給する会社ならばまだしも、人々が自由意志で集まるコミュニティの場合は、カリスマ型が継続するのはむずかしいのです。

カリスマ型コミュニティでは多くの場合、カリスマリーダーに魅せられた人々が集まってメンバーになっているため、常にリーダーに依存してしまいがちで、リーダー以外のメンバーがベネフィットを得るインフラを作り上げていくことがなかなか困難だからです。

「プリンセス型」コミュニティの場合はどうでしょう。

これは女性起業家やカウンセラーを中心とするサロンでよく見られるケースですが、
「私みたいになれるわよ」
と、よいお手本となるプリンセスが中央にいて、あんなふうになりたいとプリンセスに憧れる人々が集まってくるのが特徴です。

参加メンバーが、プリンセスのヘアやメイク、ファッションなど、ルックスまでマネする傾向もあるようです。

そのこと自体は別に悪いことではありませんが、プリンセス型コミュニティでは、どうしてもメンバー同士の嫉妬や争いが起こりやすく、コミュニティ継続の障害となっています。

センターにいるプリンセスひとりが輝くコミュニティは長続きしない、というのが私の経験則から導き出した結論です。

では、「ビジョン」型だとなぜ長続きするのか、その理由を説明しましょう。

ビジョン型コミュニティとは、「将来、自分はこうしたい」「こういう世の中を作っていきたい」というビジョンを共有し、共感しあえる人々が集まって、参加者みんなが一緒に成長していくタイプのコミュニティです。

リーダー役を果たす人物はいますが、コミュニティとしての意思決定はトップダウン形式ではなく、リーダーとメンバーが一緒に考えて決めていく、そしてともに成長しながら、次世代のリーダーを育てていきます。

古くは江戸時代末期に吉田松陰が開いた私塾に始まり、現在も続く「松下村塾」が、このビジョン型コミュニティに近いでしょう。

吉田松陰の松下村塾は、高杉晋作や初代内閣総理大臣の伊藤博文、木戸孝允など、明治維新と激動の時代に日本を動かしてきたリーダーを数多く輩出しています。理想とする未来のビジョンを共有していたからでしょう。

こうした「ビジョン型」コミュニティならば長期にわたって存続でき、知恵と情報を蓄積しながら、人材育成のサポートも、「稼げるインフラ作り」もできるようになります。

「こんなことをしたいね。こんな未来を作りたいね」
というビジョンに共感して集まるので、お互いに応援し合う文化を作りやすいのです。

この項のまとめ

- □カリスマリーダーが率いる組織では、意思決定がトップダウンになりがち！
- □プリンセス型コミュニティでは、メンバー同士の嫉妬や争いが起きやすい！
- □長続きするのは唯一、ビジョン型コミュニティだけ！

ビジョン型コミュニティを作ろう！

起業したばかりの頃は、誰しもコンテンツが充実しておらず、したがって、影響力もまだそれほどありません。そんな無名無力に等しい人が、いきなりカリスマタイプやプリンセスタイプのリーダーになってコミュニティを運営するなど、無理な話です。

それよりも、ビジョン型のコミュニティを作りましょう。

「ビジョン型コミュニティ」と言うとむずかしく聞こえるかもしれませんが、同じものを目指している人が集まる場、目指す方向性が近い人が集まる場、考え方や趣味や好みが同じ人が集まる場を作ればいいのです。

地域ごとに、その地で活躍する女性経営者やクリエイターのコミュニティを作ってもいいし、和服好きの人が集まる着物コミュニティ、ランニングを趣味とする人が集まるランニングコミュニティ、登山好きな人が集まる登山コミュニティなど、何でもあり得ます。

ヘルシーな料理を作ったり食べたりすることが好きな女性を集めて、みんなでレストランやカフェ巡りをしたり、体にいい料理や美容食を学べるお料理教室などのイベントを開催したり、というのもよいですね。

働くママのためのコミュニティを作って、毎回ゲストを呼び、忙しい中でも家事や育児を楽しむコツを学ぶセミナーを開催したり、子連れで楽しめるイベントを企画してもいいでしょう。


ビジョン型コミュニティを作るのは、テーマを決めてサークルを作るようなイメージに近いのです。


コミュニティのビジョンに共感する人がどれだけいるかが最大のポイントですが、集まる人数が多ければいいというわけでもありません。少数であっても、中身が濃ければ、それに勝るものはありません。

運営のコツは、ふたつあります。

安心安全な場を作ること。

応援しあう仕組みを作ること。

これさえおさえておけば、きっとうまくいきます。

私はビジョン型コミュニティのひとつとして、「ミラクルランチ会」というイベントを主催していました。2011年7月7日にスタートし、これまでに188回の開催、延べ4000人以上の人が参加しています。そして現在は、後任の人に主催をお願いしています。

このランチ会は人と人をつなぐ場、信頼関係を築く場で、「みんなの前で自分の夢を発表しましょう。周りの人の夢を応援しましょう」というのがコンセプトです。

たとえば、何かの講座をやっている人には、それがどんな講座なのかを、みんなの前で発表してもらいます。そして参加者たちはそれぞれに、その講座がもっとうまくいき、夢が叶う方法を考えて、案を持ち寄り、みんなで話し合っていきます。

こうやってみんなが関心を持ち、応援することによって、いろんな人のいろんな商品が売れていくという仕組みです。

私が作ったビジョン型コミュニティは、ほかにもいくつかあります。

パワーストーンカウンセラー協会もそのひとつで、ここではパワーストーンやカウンセリングについて学ぶのはもちろんなのですが、それで終わりではありません。「世の中に貢献する人を育てる」ことを目標に、自分はどうすれば人の役に立てるかを考えて行動することをメンバーの一人ひとりに求めて、活動を続けています。

この考えに共感してくれた人々が集まり、カウンセラーとして人を応援できるようになるための勉強をしているのです。

私は、デザイナーや編集者が主催するコミュニティにも参加しています。ときには著名人を呼んでパーティを企画したりすることもあります。自分に「できること」を披露しあうコミュニティではなく、「やったことはないけれど、できるようになりたいと思っているものにチャレンジする」ことを最大の特徴とするコミュニティです。

最近ではBARをやりたいという声が出ていて、それをどうやったら実現できるのか？と考えるのがとても楽しいです。

もうひとつ私が参加しているのは、外国、ことに秘境の研究をしたり、実際に視察に行ったり、海外の人と一緒にイベントをしかけたりということをやっているコミュニティです。

いつも聞いたことのない場所への旅行のお誘いが来て、びっくりさせられます。

今は、本当に多種多様なコミュニティがありますから、自分に合うものを探すのは比較的簡単です。

同じビジョンを持つ人、同じ価値観を持つ人とつながって、その人たちのお役に立てることがあれば、どんどん実行していきましょう。そこでビジネスがまわっていきます。まわりの人を大切にしてさえいれば、ただつながるだけでお金になっていくのです。ぜひあなたも、ビジョン型コミュニティを築き上げていきましょう！

この項のまとめ

□今はコミュニティを持つ人が成功する時代！
□同じビジョンに共感する人が集まり、リーダーとメンバーが一緒に成長するタイプの「ビジョン型コミュニティ」を作ろう！

第6章

ビジネスを
もっと加速するために

起業後に誰もが一度は悩むのは
「どうしたらもっと売り上げを上げら
れるか」ということ。
答えはいたってシンプルで、
商品やサービスの付加価値を高める
とよいのです。
年収1000万円も夢ではない、ビジ
ネス成功の秘訣をお教えしましょう。

素早い行動と「for you」思考ができる人がうまくいく！

私が実際に見てきた多くの事例をもとに言うと、起業当初からうまくいく人には次の4つの共通点があります。

① やりたいことを明確にしている人
② 素直な人
③ メンターがいる人
④ 身近に「120％先輩」がいる人

この4点が揃っていると、「行動が早い」人になります。
やりたいことが明確だから、いつでも動き出せる。
素直だから、教えられたことをすぐに行動に移せる。
決まったメンターがいて道筋が分かっているから、迷いも不安もなく前に進める。
120％先輩をお手本として、細かな軌道修正ができる。

というように、起業したてであっても、アクティブに突き進んでいくことができるのです。

起業の初期に何より大事なのは、たくさん行動すること。
考えすぎてしまって行動しない人、あるいは行動が遅い人は、大きなマイナスです。
行動しないかぎり、経験値はゼロのままで、正確な判断ができるようにならないからです。

失敗を恐れずに行動してください。もし失敗したとしても、そこには学びがあります。
経験値が高まり、判断力も磨かれていきます。

加えて言えば、「誰かのために」と考えながら行動する「for you」な人になっていきましょう。どんな場面においても応援してくれる人が現れ、手助けをしてくれるでしょう。

「for you」思考で突き進む人は、成長の度合いがより高まります。
人間、自分のためだけでなく、大切な誰かのためだという意識が働くと、途中で投げ出したりせず、最後までやり遂げようとするものです。だから、自分で思っている以上の力を発揮できるのです。

そして、「あなたのおかげだよ。ありがとう」と言ってもらうと嬉しくて、またがんばる力が湧いてきます。

結局、ありがとうの数が人を成長させていくのです。

逆に、自分のことばかり考えている「for me」な人は、周りから嫌われ、応援してくれる人もなく、感謝されることもなく、がんばり続けられずに挫折しやすいのです。

人は誰かのために何かしようと思った時に、圧倒的に成長します。

「自分のため」だけだと、へこたれることがあっても、「誰かのため」だったらいくらでもがんばれる、伸び代が増す、ということです。

「for you」精神と、行動力を併せ持てば、最強の起業家です。

この項のまとめ

- □行動が早い人がうまくいく！
- □「for you」思考の人がうまくいく！

自分のビジネスを一言で説明できるようにする

ビジネスがうまくいっている人は、自分のビジネスを明快に説明できます。「そんなの当たり前でしょ」と思われるかもしれませんが、その当たり前のことができていない人は多いのです。

何をしている人なのか分かりにくい。説明が分かりにくい。「幸せになるお手伝いをしています」といったふうに、ぼんやりした説明であることが多いのです。――そういうことがよくあるのです。本人はよく分かっているつもりでも、他人には伝わっていない、ということに気づいていないのです。

ビジネスにおいて、「分かりにくさ」は大きな障害です。

どんなことをしてもらえるのか分からなければ、お客様は依頼をしようにもすることができません。

そもそも、ネット検索もされないので、見つけてもらえません。

自分のビジネスを明快に伝えられない場合は、

「どんな人の、どんな悩みを解消できるサービスか」

「どんな人を、どう幸せにできるかサービスか」

を考えて、言語化してみましょう。


ビジネスというものは、お客様の悩みや問題や不便さを解決するための方法を提供することなのです。

つまり、あなたの商品やサービスが「どんな悩みや問題」を解決するのか、どうお客様の生活を向上させるのか、どうお役に立てるのか、それを分かりやすい言葉で説明できることが必要です。


自分がどんなビジネスをしているか、一言で説明できるようにしましょう。


まずは、説明文を数パターン作り、必ずそれをまわりの人や応援してくれる人たちに読んでもらってください。あなたが読み上げ、聞いてもらうというのがよいかもしれません。

「この説明を聞いて、私がどんなビジネスをしているか伝わる？」

「この中で、どれが一番分かりやすい？」

「これが一番よかった」とか「う〜ん、もっとこうしたほうがいいんじゃないかな?」とか、相手がフィードバックしてくれる意見をもとに、どんどんブラッシュアップしてください。

そのようにして情報をコンパクトにまとめあげ、会う人ごとに、「私はこういうビジネスをしています」と一言で、明快に伝えていきましょう。

ホームページにも記載しましょう。

ホームページはあったほうが断然よいと思います。「この人はプロだ」という印象を持ってもらえるからです。

今は、「ペライチ」や「リザーブストック」など、自分で簡単にホームページを作れるツールがあり、ショッピング機能を付加することもできるので、どんどん活用しましょう。

ホームページは名刺のようなもの、そして看板のようなものです。

自分はどんな人で、どんな商品やサービスを提供しているのか、という大事な点が明快に伝わるホームページにしてください。

「××様からこんなご感想をいただきました！」といったお客様の声、これまでの実績、お問い合わせ先なども記載しましょう。

お客様にとって必要な情報をもれなく、コンパクトにまとめたホームページは、すぐれた宣伝ツールとなります。

この項のまとめ

- □自分のビジネスを一言で説明できるようにして、ホームページを作成しよう！

お客様と2回目に会う口実を作る

商品やコンテンツを開発する際は、同じお客様と何回も会える仕組みを設計する。これが成功するビジネスの秘訣です。

売り上げを伸ばし、それが長期間続くようにするには、お客様と信頼関係を築くことが何よりも大切だからです。

1回会っただけでは、お互いのことがまだよく分かりません。2回、3回と何度か会ううちに、だんだん愛着が湧いて関係が深まり、信頼が積まれていくものです。

では、どのようにすれば、同じお客様と何回も会える仕組みを作れるのか。

たとえば、「商品ご購入から1ヶ月後のメンテナンスは無料」という仕組みにして、こちらから連絡をとって伺うようにすれば、1ヶ月後にまた会うことができます。

講座を開く場合は、1回の受講で完結する内容であっても、あえて3回シリーズの講座にするとよいですね。

お客様と直接会えない場合は、メルマガなどを定期的にお送りする仕組みにして、コンタクトを取り続けましょう。

私は自分のお店を、「心の美容院」のような、定期的に通える場所にしたいと思っていました。パワーストーンのアクセサリーを扱うお店ですが、ご購入いただいたお客様にはその後も美容院に通うような感覚で何度もご来店いただき、私が石をクリーニングしたり、つけ替えたりすることで、お客様自身の心や身体がキレイになったような気分を味わってもらいたい、モチベーションが上がるようにしたいと思ったのです。

そこで、お客様と月に1回は会えるような仕組みにしました。パワーストーンのカウンセリングをした場合は、「石が弱ってしまうこともあるので、1ヶ月後のメンテナンスにまたお越しください」とお声がけしていたのです。

また、お客様情報をカルテに書き残し、ご来店2回目以降は、事前にそのカルテを読み込んで、前回どんなことで相談にいらしたかを把握し、「このまえお話し下さったあの件、どうなりましたか？」と話しかけていました。

たくさんのお客様がいらしたので、お名前を覚えるだけでも大変でしたが、こうした細かなことを徹底して行いました。

すると、お客様は「私のこと、こんなに覚えていてくれたんだ」と感動してくださるのです。

お客様にとって一番関心があるのは、ご自身のことであり、ご自身の悩みや問題です。それに寄り添って、あなたのことを考えています、「for you」ですよという態度で接していけば、関係は長く続きます。

商品やコンテンツを売ったきりにせず、お客様に何度も会える状況を作って、信頼関係を築いていきましょう。

この項のまとめ

- □**お客様と信頼関係を築けるように、何度も会える仕組みを設計しよう！**
- □**お客様が前回何に悩んでいたのか、何を求めていたのかを記録しておこう！**

付加価値をプラスして、売り上げアップしよう！

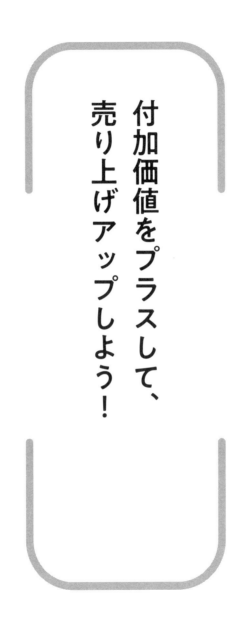

商品単価を上げるために必要なのは、付加価値をプラスすることです。他の商品にはない独特の魅力、独自の価値を持たせるということですね。

ここまでは誰もが考えつくことですが、はたしてちゃんと「お客様が求めている付加価値」をプラスできているでしょうか？

「これをオマケにつけたら、お客様が喜ぶんじゃないかな」

「オマケにつられて、お客様が増えるんじゃないかな」

と独りよがりに考える人は、非常に多いのです。でもそれは大間違い。自分の視点で、何かをプラスしたところで、まったく意味がないのです。

何が求められているか、その答えは全部お客様が教えてくれますから、お客様一人ひとりの声に耳を傾けましょう。お客様のニーズとウォンツを的確に掴み、求めに応じる工夫をしていきましょう。そのようにしてお客様の満足度を高めることで、付加価値の高い商品やサービスが出来上がっていきます。

私はOL時代に、フリーマーケットでアクセサリーを販売したことがあるのですが、初めはなんと1個100円で売っていました。持参した商品100個すべてを売り切っても、出店料が1万円だったので、利益はゼロ。材料費や労働時間を考えると、大赤字でした。

そんな経験から、単価を上げなければならないと気づいたのですが、どうやって単価を上げていったかと言うと、パワーストーンにカウンセリングという付加価値をプラスしたこと、そしてさらに、世界にたったひとつの、あなただけのオリジナルアクセサリーを手作りしますという付加価値をつけて、単価を上げていったのです。

この発想を生み出すもととなったのは、悩み相談とカウンセリングに訪れたあるお客様が口にした一言でした。「私に合う石はどれ？」。この一言を聞いたとたん、私の中で何かが大きく変わりました。私の最大の強みは「カウンセリング×パワーストーン」という独自の商品を提供できることだと気づいたのです。

単にアクセサリーを売る商売であったら、大手の業者が作る安価な品に太刀打ちできなかったでしょう。

けれども私の場合は、お客様の悩みを聞きとり、お客様の悩みを解決するためのツールとしてのパワーストーンアクセサリーを提供することが仕事です。お客様の満足度を高めることにより、単価を上げることができます。

今の私は、「カウンセリング×パワーストーン」というオリジナル商品を作り上げる作業をお客様と一緒に楽しむことができるようになりました。お客様が「こうして欲しい」「こんなこともできるかな」と言われたことに対して、「じゃあ、やってみます！」と応えることで、その商品に付加価値がプラスされていきます。

あなたのお客様が求めているのは、どんなことでしょうか。

お客様の話をよく聞いて、潜在的欲求を掘り起こしてください。その欲求に応えるかたちで商品開発をする、それが「付加価値をつける」ということです。

この項のまとめ

- □独りよがりに付加価値をプラスしても意味がない！
- □お客様の声をもとに付加価値をプラスして、商品単価を上げていこう！

売り上げのシミュレーションをする

起業の準備期を経て、ある程度ビジネスの軸ができてくると、もっと収入を上げたいと思うようになるでしょう。そんな時期にきたら、売り上げのシュミレーションをしてみましょう。

売上額＝商品の価格×サービスの回数（商品が何個売れたか）

売り上げをアップしたいなら、単価を上げるか、またはサービスの回数を増やすかのどちらかが必要です。

「単価を上げるとしたら、〇〇〇円にしたい」
「サービスの回数を上げるとしたら、1日あたり×〇人にサービスを提供したい」
と具体的に目標を立て、それが可能かどうか、シュミレーションをしてみましょう。

すぐには達成困難な目標だったとしても、3ヶ月後、半年後、1年後、3年後の目標はこれ、と定まれば、そのために今、何をしたらいいか、今できることは何か、時間をどのように使えばいいかを考えることができます。

たとえば、副業でコンサルタントを始めるとします。そして1年後には月20万円稼ぐようになっていることが目標だとするなら、こんなふうにシミュレートできるでしょう。

月20万円の売り上げ＝「1時間のコンサルで2万円」×「月に10人コンサル」

コンサルタントとしてまだ著名ではない人だったら、1時間のコンサルで5万円の報酬はいただけません。月に100人をコンサルするというのも目標達成しにくいでしょう。でも、「1時間のコンサルで2万円」×「月に10人コンサル」というのは、できない数字ではありません。

いずれは2万円という単価報酬を頂くために、どんな付加価値をつければよいかを考え続けましょう。

そして、月10人のクライアントさんを確実に獲得するために、こういう場でつながりを増やそう、ブログの更新回数を増やそう、そして実績を積もう、とできること（タスク）を考えていくのです。

ゴールに設定した1年後に向かって今からできることをリストアップしてみてください。

目標達成までのプロセスをシミュレーションして、今何をすべきか、計画を立てましょう。

この項のまとめ

- □**売上額＝商品の価格×サービスの回数（商品が何個売れたか）**
- □**目標達成のシミュレーションをして、今できることをリストアップしよう！**

仕事が忙しくなったら、次のステップに移行しよう！

起業初期は仕事がなくて困ってしまうこともあるかもしれませんが、いったん仕事が回り始めると、その次の段階として、忙しすぎて仕事がうまく回らないという時期がやってきます。

実際に私も、スケジューリングができないぐらいに仕事を詰め込んでしまって、体調を崩したことがありました。

そうなったら、改めて働き方を見直すべきです。

商品単価を上げたり、余裕のあるスケジュールで仕事を進められるように受注をセーブしたり、人を雇うなど、いろいろな面で改善をはかり、そこをターニングポイントとして、さらなる前進をしていきましょう。

私は体調を崩したタイミングで、

「自分じゃなくてもできる仕事は人に任せる」

ということを始めました。

具体的に言うと、ブレスレットを結ぶ作業や仕上げる作業は私でなくてもできることだったので、人にお願いしました。

そのために経費がかさんだとしても、その分自分の時間が増えれば、自分だからこそできる仕事にもっと時間を割き、力を注ぐことができます。

それでも仕事が多すぎて、うまく回っていかない場合は、自分が動かなくてもお金が入ってくる仕組みを作ることが必要です。

私は37歳でガンが再発したのをきっかけに、仕事を組織化しようと思い立ちました。健康ならば、自分ひとりで何もかもこなしていけます。しかし病気になって動けなくなると、とたんにすべてが止まってしまいます。また、パワーストーンカウンセラーという仕事ができなくなると、お客様に迷惑がかかります。

そこで私は、パワーストーンのカウンセラーを育てる協会を立ち上げ、講師養成講座を始めました。

そして、1000人の講師が育ったところで協会代表理事を後継者に託し、次は協会を立ち上げたい方たちをサポートする事業を始めました。

さらには、協会代表理事たち向けのコンサルタントをするようになり、現在に至っています。

このようにして働き方をステップアップしてきたからこそ、今の私があるのだと思います。

起業後は、その段階に応じて、働き方を変えていかなければなりません。

今はまだその段階でなくても、今後そういう時期が来ると知っておくと、心の準備ができます。

この項のまとめ

□起業した後も、つねに働き方を見直し、最適なものに変えていこう！

苦しい時は、
未来思考で考えよう！

「恭子さんって、波乱万丈の人生ですね」とよく言われるのですが、たしかに私はこれまで、さまざまな出来事を経験してきました。

20代でガンになり、彼氏にふられて結婚の話が破談になってしまったことも、起業してすぐに詐欺に遭い、2000万円の借金を背負う羽目になったことも、つらい経験でした。

そして37歳の時には、3つの不幸が一挙に訪れたのです。

① ガンが再発し、ステージ3になった

② 恵比寿、銀座、代官山と、都内に3店舗出店したものの、スタッフの育成が行き届かなかったために大失敗をし、新たに2000万円の借金ができてしまった

③ 病気でお金もない私から、どんどん人が去っていき、ひとりぼっちになった

失意の中、私を救ってくれたのは、「未来思考」という考え方でした。

目の前のつらい現実を見て悲観的になるのではなく、楽観的に未来を思い描くこと、そして、そんな未来に視点をおき、そこから現在の自分を眺めるようにすること。そうすると、これから自分はどうすればよいかが分かるのです。

「もし、すべてがうまくいくとしたら、私はこれから何をしたいだろう？」と考えるようにしたら、実際に現実がよい方向へ変わっていきました。

当時の私が望んでいたのは、「3ヶ月後に控えたイベントを成功させたい」ということでした。

しかし抗ガン剤治療が始まるとイベントを開催できないと知り、翌日、主治医に「1ヶ月だけ治療を待って欲しい」と頼みました。

その1ヶ月間、私はイベントの成功に向けて、わくわくしながら行動したのです。

そのようにして迎えた1ヶ月後、改めて検査をしてみると、ありがたいことに、ステージ3だったガン細胞が消えていたのです。おかげさまでその後も元気に行動することができ、イベントは大成功でした。

そして、一人また一人と仲間が増えていき、今では1000人近い人が所属する組織を運営できるようになりました。多額の借金も、1年後にはきれいになくなりました。

この話をすると、みなさん驚かれ、また私自身も信じられないような体験なのですが、現実に起こった事実なのです。

つらい出来事や不運・不幸を恨むのではなく、「この経験から私は何を学んでいけるのだろう」と未来思考で考えるようにすると、人生は必ず好転します。

昔の私は傲慢でわがままで、マイナス思考で、我が身に降りかかる不幸を環境や人のせいにしていたところがありました。

でも、「この出来事は、何を学ぶために起きたのか」と考えていくと、いろんなことが腑に落ちるようになったのです。

たとえば、東京に3店舗を出して大失敗してしまったのは、スタッフの教育を充分にしなかったことが大きな要因でした。このまま人材育成の大切さに気づかず、お店を出し続けたら、いろんな人を不幸にしてしまう。だからそれをストップさせるために、病気や事業の失敗というかたちで、神様が私に教えてくれたのではないかと考えるようになりました。

私は人材育成の大切さを学びました。

「人」こそ最高の投資先だと考え、人材育成に力を入れるべく、資金と時間を注ぎました。

そして現在、プロデュース業など人を育てるビジネスをしていられるのも、つらい出来事や失敗から学んだおかげです。

私がやったことと言えば、

「もしすべてがうまくいくとしたら、私はこれから何をしたいだろう?」

と未来をわくわくしながら考えたこと。

そして不幸を恨むのではなく、「この経験から私は何を学べるだろう」と考えるようにしたことです。


今、苦しい状況にある人に「未来思考をしてごらん」と言っても、むずかしいかもしれません。

だとしたら、まずは「今の自分に丸をつける」という自分を認めることをしてみてください。

不幸や困難のさなかにある自分を責めたりするのではなく、

「将来、この出来事から学んだことを人に話すことで、たくさんの人を勇気づけられるかもしれない。いろんな人の役に立つかもしれない」

とプラスの面を見ていくと、どんな経験も決してムダではないと思えるようになります。

今マイナスに感じていることを、プラスに変えていくワークをしていきましょう。これを繰り返していくと、少しずつ未来思考で考えられるようになるでしょう。

未来思考という思考方法を持つことで、ぜひみなさんに理想の未来を手に入れて欲しいのです。自分が望む未来に向かっていきましょう。必ずできるようになりますよ。

この項のまとめ

- □「もしすべてがうまくいくとしたら、私はこれから何をしたいだろう？」と考えて、未来に向けてワクワクしながら行動していこう！
- □不幸を恨むのではなく、この経験から何を学べるかを考えよう！

一人でも多くの方が「ひとり起業」で夢を叶えられますように！

起業に向いている、あるいは向いていない、ということはありません。
誰にでも、かけがえのない長所があります。それを最大限に輝かせることが起業であり、起業は最高の社会貢献なのです。

だから夢を持って欲しい。起業の夢をあきらめないで欲しい。
夢に向かって行動することで、道は開けます。

私の場合も、「ひとり起業」の経験がこうして本になり、たくさんの人に読んでもらうことができました。

夢を持ち、がんばっている人たちを応援したい。その思いで私は動いています。
一人でも多くの方が、自分の好きなこと、得意なこと、そして人のお役に立てることをビジネスにして欲しいと願っています。

そして、同じ志を持つ仲間と力を合わせて、チャリティー団体を作るのが夢です。

そんな私が経験から得たこと、そして今考えていることが、多くの方にとって、あと一歩の勇気につながり、自分を輝かせるお手伝いになれば幸いです。


本書を出すにあたって、多くの方にお世話になりました。

出版の導き手である永松茂久さんに厚く御礼を申し上げます。

そして――

ビジネスの仕組み作りを教えてくださった、私のメンター・前田出先生。

一緒に学んできてくれた協会理事長たち、

「コミュニティリーダー」という新しい働き方にチャレンジしてくれているサクセスナビゲーターのみなさん。

パワーストーンカウンセラー協会の代表を引き継いでくれた波多野輝未さんをはじめ、協会会員のみなさま。

いつも私を支えてきてくれた株式会社マースの長野と東京のスタッフたち。

株式会社 FOR YOU JAPAN のメンバーたち。

また、私を起業当初から支えてくれて、カウンセリングを受けてくださったたくさんのお客様。

一度も反対することなく、私の可能性を信じてくれた両親。

最後に、本を形にするために手助けをしてくれた、ロジー黒部エリさん。

この場をお借りして、みなさんに御礼申し上げます。


これからも私は「ひとり起業」の体験者として、また、ビジネスモデルクリエイターとして、さまざまな活動をしていきます。多くの人の悩みに接した経験を活かし、「出会う人すべてを圧倒的に幸せにする」と、ミッションを掲げています。

この本を読んでくださったみなさんもぜひ、「ひとり起業」で夢を叶えられますように！

藤原恭子（ふじわら きょうこ）
ビジネスモデルクリエイター
株式会社マース 代表取締役

12年間で約3万5千人のカウンセリングとコンサルティングを行い、約1000人の起業に携わる。

多くの人の悩みを聞いてきた経験から「出逢った人を圧倒的に幸せにする」と、ミッションを掲げ、協会を設立。顧客の未来を見て、長所を進展させるアドバイスで、会員数は5年で1000人以上に。

そんななか「人を大切にしている人」「誰かをいつも応援している人」そんな世の中で一番頑張っている人を応援したい、との想いを持ち"あなたの夢を叶える会社"マース設立。実績からのノウハウをまとめた独自のメソッドで、ビジネスプランやメニューの構築、組織・人材育成サポートなどを行う。

- 50協会の運営をサポートする組織にコンサルタントとして参画。
- 主婦の起業支援で月商2000万円。
- 年間約100名のコミュニティリーダーを育成。

ひとり起業の教科書

2019年10月30日　第1版　第1刷発行

著　者　藤原恭子
発行所　ＷＡＶＥ出版
〒102-0074　東京都千代田区九段南3-9-12
TEL 03-3261-3713
FAX 03-3261-3823
振替 00100-7-366376
E-mail: info@wave-publishers.co.jp
http://www.wave-publishers.co.jp

印刷・製本　萩原印刷

NDC 673　191p　19cm
ISBN978-4-86621-239-5